プロカウンセラーの
こころの声を聞く技術
聞いてもらう技術

諸富祥彦

SB新書
646

はじめに

深いこころのつながり（親密性）をあきらめる人が、増えています。

「あの人は、どうせわかってくれない」

「話を聞いてくれない」

夫婦でも、恋人や友達でも、あるいは、親子でも、職場の同僚同士でも、さまざまな関係の中で、そんなふうにあきらめて、ふれあいにこころを閉ざしてしまう人が増えています。

もちろん、こころの中では、

「もっと、わかってほしい」

「もっと、聞いてほしい」

そんな気持ちを抱いています。

けれども、なかなか満たされない。すると、その気持ちが募っていって、いずれ爆発し始めます。

「いったい、どうして話を聞いてくれないの！」

「あんたなんか、私のこと、全然わかってくれてていないいじゃない!!」


そんなふうにブチ切れて、相手との関係をみずから壊してしまうのです。

こころの中では「え、私、何やってるの。まずくない？」そう思いながらも、しかしどうしていいかわからず、手をこまねいているうちに、時間がどんどん過ぎていく。取り返しがつかない事態になってしまう。

もう一度、わかってもらおうとして、相手に近づいて拒絶されたら、私は傷ついてしまう。立ち直ることができないくらい、こころが傷だらけになってしまう。それがわかるから、自分からその人とこころのつながりを回復するのをあきらめてしまいます。

可能性を断ち切ってしまうのです。

同じようなことをいろいろな人と繰り返しているうちに、ハタと立ち止まります。

「私、誰とも、深くつながっていない。表面的なつながりばかりで、本当に気持ちがつながっている人が誰もいない。だから、日々が淡々と過ぎていく……。人生が薄っぺらにしか思えない。このままでいいのかな、私の人生……」

「いやだ私、いつの間にか、そうとう孤独だ。孤立してしまっている」

そんなふうに感じている方は、決して少なくありません。

あなたもそうかもしれないし、あなたのまわりの多くの人もそう思っているかもしれません。

そんな「何か大切なものが欠けている」と思い、人生をどうにかしたいと思って、カウンセリングを受けにこられる方も多くおられます。

カウンセリングというと、こころの病を抱えた方が受けるものだという印象を持っている方が、いまだに少なくありません。

しかし、カウンセリングを本当に必要としているのは、「**誰かと、深いこころのつながりを持ちながら人生を歩んでいきたいのに、そのつながりを持つことができない**」多くの人です。

多くのことが流動的で、不確かな世の中にあって、「**誰かと深くこころがつながった状態で」日々を生きていたい**、という欲求はますます高まっています。

ひとりで生きていくのには、この人生、この世界は、あまりにも心細いのです。

「もうひとりはいやだ、孤独はいやだ」

そう思って、結婚という道を選ぶ方もいます。

しかし、結婚し、家族を持ったからといって、孤独が解消するわけではありません。むしろ、結婚した後のほうが、より強く孤独を感じるようになった。そういう人も少なくないのです。

独身のときはひとりだからと、誰かに求めることも少なかった。

けれども結婚して、パートナーと呼ぶべき人がいるからこそ、余計に、その人との間に深いこころのつながりが欠如していることが気になってしまう。

形ばかりのパートナーがいるからこそ、かえって、そのことに強く気持ちがとらわれてしまうのです。

「私には、深くこころがつながっている人が、誰もいない」

「わかってもらえない。聞いてもらえない」

本書は、そんな**「こころのつながりの不全」を感じている方々のために、具体的な対処法を示す本**です。

「もっとしっかり、つながりたい」

「もっと話を聞いてほしい」

「わかってほしい」

そんな気持ちを叶えるための具体的な対処法を示した本です。

また同時に、周囲にいるほかの人が、その気持ちに応えるために、**「もっとうまく話を聞ける人間になりたい」。「もっと気持ちをわかりたい」。そのためにはどうすればいいか、その技術を具体的に示した本**です。

「話を聞く技術」や「傾聴」については、これまでにも多くの本が出されてきました。

それらの多くは、「話を聞く側」がスキルフルで有能であることに力点が置かれていたように思います。

しかし、いくら「聞く側」が有能で技術に長けていても、「話す側」「聞いてもらう側」

にまったく意欲がなければ、それはよい結果にはつながりません。

「聞く―聞いてもらう」「わかる―わかってもらう」関係は、本来二人でつくり上げていくものです。

現代カウンセリングの祖、カール・ロジャーズ（1902～87年、米国の臨床心理学者）が言うように「共感的な理解とは、二人でつくっていくプロセス」なのです。

傾聴も、カウンセリングも、コーチングも、「二人でつくっていくプロセス」です。夫婦関係も、恋人関係も、友人関係も、親子関係も、いずれの関係も「二人でつくっていくプロセス」。お互いの努力と技術によって、創出されていくプロセスです。

ロジャーズは『結婚革命』（サイマル出版会、絶版）という著書の中で、夫婦がお互いに聴きあい、語りあうことで、二人で「本当にわかりあえる関係をどうつくっていくか、そのプロセス」を具体的に描きました。そしてその中心となる方法は、**傾聴、相手のこころを、相手の内側に入り、相手の視点から、相手になりきったかのような姿勢で感じ取っていくこと**なのです。

したがって本書では、「聞く側の技術」についてだけでなく、「わかってほしい人」「聞いてもらいたい人」が持つべき「わかってもらう技術」「聞いてもらう技術」についてもお話しします。

本書は、3部構成になっています。

第1部では、「**聞く技術**」「**わかってもらう技術**」**の初級編から中級編について解説**しています。「聞く側の大原則」や「わかってもらう側の大原則」をとことんわかりやすく示しました。

第2部では、夫婦関係、親子関係、恋人関係、友人関係、職場の上司と部下、同僚同士、教師と生徒……こうしたさまざまな関係において、なぜか「うまくいかない」ケースを取り上げます。そして、そうした関係の「**改善策**」**や**「**具体的な技術やヒント**」を示します。

第3部の「**上級編**」に示した技術は、プロのカウンセラーやコーチ、心理士の方が読んでも、多くの気づきを得ていただける――そんな内容にしたつもりです。

さらに、「傾聴」の意味についての最終章を添えています。

読者の方の中には、すでにある程度、傾聴やカウンセリング、コーチングなどの勉強をされた方もいるでしょう。そんな読者にとっても、多くの気づきを得られるはずです。

現代社会は、人間関係が絶えず流動する不安定な社会です。そんな中で、誰かと「深いこころのつながり」を感じながら生きていくためには、本書で紹介するテクニックは必ず役に立つはずです。

夫婦関係や友人関係、恋人関係や親子関係、職場の部下や同僚との関係、学校の教師と生徒の関係などを、もっといいものにしたい、改善したい……そう思っている一般の人が読んでも理解しやすいように「**とことん、わかりやすく**」、**しかも「プロのカウンセラーの最高レベルの傾聴の技術」をふんだんに、わかりやすく示した本**。

それが本書なのです。

ぜひ、本書に示した「聞く技術」「聞いてもらい、わかってもらう技術」を駆使して、「より深いこころのふれあい」を体験し、充実した人生を生きていってください。

諸富祥彦

第1部 聞く技術とわかってもらう技術、その大原則

第1章 聞く技術【初級編】

第2章　わかってもらう技術【初級編】

第3章　聞く技術【中級編】

第4章　わかってもらう技術【中級編】

第2部 大切な人との関係を壊す会話、改善する会話 実践編

第1部

聞く技術とわかってもらう技術、その大原則

第1章　聞く技術【初級編】

「聞く技術」というと、複雑な技術を想像する方もいるかもしれません。しかし、そんなものを知ったところで、たいていうまくはいきません。

身につけるべきは、もっともシンプルな大原則です。

配偶者の話を聞く。子どもの話を聞く。友人の話を聞く。そういったときに、まず押さえるべき大原則は、とてもシンプルです。

まずはこれです。

聞く側の大原則1「聞きっぱなしのまま」そのままにする

ただ、これだけ。

「聞いたら、聞きっぱなしにする」

「余計なことは言わない。そのままにする」

これで終わりです。

「なんだ、それは？」と思うかもしれません。

しかし、プロのカウンセラーや特段のトレーニングを受けたわけでもない多くの人が、安全に、相手を傷つけることなく、話を聞くための大原則がこれです。

「聞いたら、聞きっぱなし」

「余計なことは、言わない。そのままにする」

これ以上に大切なことは何もない――と言ってよいほどの「**聞く側の大原則**」です。

例えばこれは、アルコール依存の経験がある人がお互いに支えあう「セルフヘルプ・グループ」（自助グループ）など、さまざまな治療的グループなどでも採用されている「人の話を聞くときの大原則」です。セルフヘルプ・グループとは、同じ悩みを抱えている人、かつて抱えていた人同士で支えあうグループです（断酒会のほかに、薬物依存の会、不登校の子どもの親の会、ひきこもりの親の会など、さまざまな会があります）。

私は、悩みを抱えた学校の教師がお互いに支えあう会（教師を支える会）を主宰しています（これは、心理の専門家が主宰しているので、セルフヘルプ・グループと区別して、「サポート・グループ」と呼ばれます)。

これらの会では、参加者のひとりが、自分の苦しかった体験やそこからたどってきたプロセス、自分の感情などを語ります。そして、同じグループに参加しているほかのメンバーは、こころを込めてそれを聞きながら、ただ「そのまま」にする。「聞きっぱなし」にする。それが原則です。

「聞きっぱなし」なんて冷たい……と思う方がいるかもしれませんが、それが一番安全なのです。

あるメンバーが語ったら「私はこう思う」と必ずほかのメンバーが語ったりすると、最初に語ったメンバーが「なんだか聞いてもらえた気がしない」となることもあります。自分の発言に対するコメントを聞いて、時には「誤解された」「わかってもらえなかった」「傷ついた」といった気持ちになる方もいるでしょう。

「余計なことを言わない」「聞きっぱなし」にする、という原則をとっているのは、そのためなのです。

誰かから何か話を聞いたら「何かコメントしなくては」と思う方もいるかもしれません。よほどよいコメントならばしたほうがいいでしょう。しかし、それはとても難しいことです。コメントを出したところで、受け取った相手からは「わかってもらえなかった」とがっかりされることが大半です。

何かを聞いたら、何か言わなくてはいけないのでしょうか？

そんなことはありません。言わなくてよいのです。

ただ大きくうなずいて聞く。ただそれだけ。「聞きっぱなし」でいいのです。

聞く側の大原則2 「でもね」「そうは言ってもね」を言わない

原則1と同じことですが、これもきわめて大切です。

せっかく話をしてくれた。

せっかく話を聞かせてもらった。

そうしたら、そのまま。それで終わることが、大切です。相手の話を批判しないこと、否定しないことです。人は、「相手から批判されない」「否定されない」という安心感があるからこそ、存分に自由に自分の気持ちを語ることができるのです。

そんなことは簡単なことではないか、と思う方がいるかもしれません。

しかし、決してそんなことはありません。誰かから大切な話を聞かせてもらったら、聞くだけではいけない。何か言ってあげないといけないのではないか、という気持ちが働くものです。

特に「聞く側」が「話す側」よりも「上位の関係」にあるときは、そうでしょう。

私は、スクールカウンセラーをしていますから、学校の先生が生徒の話を聞く場面に立ち会うことが少なくありません。そうすると、こんな場面がよくあります。

中2の生徒「先生、実は僕、いじめられていて、学校に行くのがつらいんです」
教師「そうか、それはつらいなぁ」

生徒の訴えを教師が聞く。こんな会話が続いて10分ほど経ちました。

しかし、それでは「教師根性」が収まらないのでしょう。

教師「でもな、サトル、おまえにも、悪いところがあるんじゃないか……」
生徒（表情が一変）「……」（うつむいて帰る）

教師と生徒との間の会話は、得てしてこういうことになりがちです。

企業における上司と部下の会話でも、しばしば同様のことが起こります。

最近、企業において、上司が部下の気持ちをていねいに聞くことが求められています。「1on1《ワンオンワン》ミーティング（ひとりの話をひとりで聞く）」という名称で、多くの企業に浸透しつつあります。

上司が部下の話をていねいに聞く。このこと自体はとても素晴らしいことです。

部下「最近、〇〇がうまくいかなくて」

そういう部下を「なんだと！」と叱り飛ばすのではなくて、

上司「そう、〇〇がなかなかうまくいかないんですね。それは、大変だ。では、どういうところに原因があると考えているのかな？」

このように聞いて、困っている部下を孤立させないようにする。これはもちろんよいことです。

しかし、10分も持たずに態度を変えてしまう上司もいます。

上司「しかしね……それは、君の考えが甘いんじゃないのかな。君はこの仕事に向いていないいんじゃないいか！」

話を聞くつもりで面接を始めても、結局、指導や評価、叱責を始めてしまう上司が少なくないのです。

同じことはまた家庭の中でも、しばしば起こります。

小2の息子「僕、となりの子にからかわれている。もういやだ！　やだー（泣く）」

母親「そっか、それはつらかったねえ。よく我慢したねえ」

ここまでは、いいのです。しかし、3日も同じやり取りが続けば、母親はもう我慢できなくなります。

息子「ママ、僕またやられた！　もう学校、行きたくないよー（泣く）」

母親「そう言うけどねえ、あんた、なにいつまでも泣いてるの！　たまにはやり返したりできないの！（怒り）」

息子「できないよお〜（泣く）」

「でもね」「そうは言ってもね」を言わない

人は「否定されない」安心感があるときにだけ、自分の気持ちを素直に語れる

昨今、企業の中で「心理的安全性」の重要性がしばしば指摘されています。心理的安全性とは、組織の中で自分の意見や感情を安心して表現できる状態のことを指します。異なる意見を言っても受け入れられる状態や、心理的に安全感を覚える状態ができていなければ、存分に実力を発揮することはできないのは当然のことです。

しかし、**この「心理的安全性」は、学校や企業以上に、家庭の中でこそ求められます。**親と子どもの間に「心理的安全性」がある。妻と夫の間に「心理的安全性」がある。恥ずかしいことや、かっこ悪いことでも、安心して話すことができる。批判されずに根気強く聞いてもらえる。そんな雰囲気は、家庭の中でこそきわめて重要なのです。

聞く側の大原則3　アドバイスはしない

これも、なかなか難しいことです。

前述の教師や上司、母親が「でもね」「しかしね」「そう言うけどねえ」などと言いたくなる理由とほぼ同じことです。

「相手の話を聞いただけでは、仕事をした気持ちになれない」

「相手の話を聞いてそれで終わり……それでは、何か役に立った気がしない」


そんなふうに、多くの教師や上司、親が自分の満足感が得られないがゆえに、つい「話を聞いただけ」では満足できずに、アドバイスをしてしまうのです。

それは、単なる自己満足ではなく、「相手のため」を思ってのことでもあります。

しかし、**話を聞いてもらっている側からしてみれば、そのアドバイスは多くの場合、余計なお世話**です。

「自分が否定された」

「今のままではダメだと言われた」

「そのアドバイスを実行しないうちは、不十分だと言われた」

そんな気持ちになります。

つまり、「せっかく話を聞いてもらえて、受け入れてもらえた感じがしていたのに……最後に否定された。このままではダメだと言われた」という気持ちになってしまうのです。

それでは、そこで過ごした二人の時間が台なしになってしまいます。

職場の上司や学校の教師、親や一部の（古いタイプの）夫の悪い癖……それは、**アドバイスしないと「仕事をした気持ちになれない」**、**アドバイスしないと「自分が相手に役立った満足感が得られない」**ということです。

アドバイスした本人は、決して悪気がありませんし、「相手のため」を思って言っているのです。しかし、相手は今の自分では不十分だと言われた気持ちになってしまう。

結果的に、アドバイスする側の満足感を得るため、つまり自己満足のためにアドバイスをしてしまうのです。

聞く側の大原則4　軽い一言で十分「そうか」「それは大変だね」

ここまで読まれて「ただそのまま聞くだけでよい」ということを、少しご理解いただけたかと思います。

しかし、そう言われると、「本当に何も言わなくていいのか」「少しは何か言わなくては、なんか変じゃないの」と思われた方もおられると思います。それはそうです。話を聞いて、何も言わないのは不自然です。

ただし、変に張りきりすぎると、相手は、「アドバイスされた」「このままではダメなんだ」と思いかねません。「張りきりすぎないこと」が大切です。

では、どう言えばいいのでしょうか。

それには、ただ一言、

「そうか……そうなんだ」

「それは大変だね」

そう言えばいいのです。

相手が、つらい気持ちを話してくれたら、

「そうか……それはつらいね」

と相手の気持ちに寄り添う「一言」を添える。それだけでいいのです。すると、「実は、こんなことがあってね」と、さらに大切な話を続けてくれるかもしれません。

例えば、妻が夫に、これまでずっと黙っていた職場でのつらい出来事や実家でのつらい出来事を話すかもしれません。「子どもの頃、親から虐げられていた」とか、「妹は愛されていたけれども、私は愛されていなかった」といった、幼い頃からのつらい気持ちを語ってくれるかもしれません。

こういう話をするには、本人に勇気が必要です。「よし、話してみよう」という思いきりが必要です。また、**「この人なら、こんな話をしてもわかってくれるかもしれない」という深い信頼があるから、大切な話もできる**のです。

相手が自分に大切な話をしてくれたときには、こんな一言を添えましょう。

「大切なことを話してくれて、ありがとう。……それは、本当に大変だったね」

余計なことをあれこれ言わず、この一言を**「低い声で、かみしめるように、ゆっくりと言う」**。これが大切です。

低い声で、ゆっくりと、相手のこころに響くような口調で、

「大切な話をしてくれて、ありがとう。……あなたがずっと、本当につらかった気持ちが伝わってきたよ」

こう言ってもらえるだけで、話した相手は十分に満足するでしょう。

「私の話を聞いてもらえた！」

「大切な話をわかってもらえた！」

そう思うはずです。

聞く側の大原則5 「余計な一言」を言わない

実は、これだけで十分なのです。話を聞いてもらう側にとっては……。

一方、満足しないのは、話を聞く側です。

なんだかそれだけでは物足りなくて、つい「余計な一言」を言ってしまいます。

「それは、こういうことじゃないかなあ」

「私としては、こう思うけどなあ」

すると、先ほどまで話を聞いてくれていた人が、実はこころの中では反対意見をためていたことに気づいて、話した側はがっかりします。

もちろん、なんのアドバイスもしてはいけないわけではありません。

しかし、大方のアドバイスは、9割以上の確率でなんの役にも立ちません。

話した側からすると、「この人はそう思うんだ」と思われて終わりか、「ああ一言、言いたかったんだなあ」と相手に気持ちを見透かされて終わりです。

それでも一言、アドバイスしたいときは、

①あくまで自分の考えとして

②具体的に

③短く、さらりと語ること

そして**短く話したら、すぐに相手の話に戻る**ことです。

また、このとき決して「自分のアドバイスで相手の問題を解決してしまおう」とか、「せっかく大切な話をしてくれたのだから、プロのような一級品の解説をしてあげよう」などと思わないことです。

決して、妙に張りきりすぎないこと。

欲張らずに、余韻を残して、さらりと終えること。

それが大切なのです。

みなさんの多くは、プロのカウンセラーではなく、アマチュアです。いきなりプロの領域（本当にわかってもらえた！）を狙わないようにしてください。

人間、つい「余計な一言」を言いたくなるものです。

「余計なことを言おうとしている自分」に気づいて、自戒することが必要です。

話を十分に聞くこと。そして、十分に聞き終えたら、一言ねぎらいの言葉をかける。

これでまずは十分です。

そんなことなら誰でもできる、と思われたかもしれません。

しかし、これが、やってみたら意外と難しいものです。やってみたらわかります。つい余計な一言を言いたくなるものです。


私の友人には、二人ともプロのカウンセラー同士という夫婦がたくさんいます。

しかし、プロのカウンセラー同士の夫婦でも、意外と「余計な一言を言わない」というのができていないのです。つい余計な一言を言って、相手を刺激してしまいます。

その結果、

「いったい、あんたに、何がわかるのか!」と怒りを買うことになりがちなのです。

夫婦関係というのは、それほど難しいものです。相手にアドバイスすると、「この人、私をマウントしたいんだなぁ」と思われるのが関の山です。

友人同士でも、同じことは起きるでしょう。**こちらが善意でやっていることでも、相手にとっては邪魔なだけ、という典型が「アドバイス」**です。

聞く側の大原則6
聞いている途中でイライラしてきたら、聞くのを中断する

これは、とてもとても大切なこと。この本で一番お伝えしたいことの一つです。

妻（夫）や子どもや友人から、「ちょっと聞いてほしいことがあるんだけど」と言われて、「そうか」と思って話を聞き始めたとします。

このとき、話を聞いている最中に、相手に対してネガティブな感情、例えば「なんだか勝手な考えの人だなぁ」とか、「それは都合がいい考えだよなぁ」といった否定的な考えがふつふつと湧いてくることがあるでしょう。

否定的な考えが湧いてくるだけなら、まだ「流す」ことで、話を聞き続けることができるかもしれません。

問題は、「イラッ（🔥）」とした感情が自分の中に湧き上がってきたときです。

多くの方は善人ですから、「ちょっとイラッとするけど、このまま聞き続けよう」と思います。話の展開次第では、そのイライラが消えていくこともあるでしょう。

重要な分岐点は、その「イライラが5分以上続いて消えないとき」です。

このときの判断が重要です！

「あ、無理だ」と思ったら、誰かから急なメールやLINEが来たことにして、あるいは、大切な用事があったことを突然思い出したことにして、**「あ、今日は、ちょっと大切な用事があったんだ！」「今日はごめん。また今度」**などと言って、**話を聞くのをやめる**ことです。

しかし、夫婦だったら、なかなか逃げ場がありません。一緒の空間で生活しているのですから。

このときは、**突然、お腹が痛くなったりするのがおすすめ**です。

とにかく**「相手を責めずに、聞くのをやめる」**ことです。

そして**すぐに席を立って、外に出るか、トイレにこもる**かしましょう。**「ほかの場所に行く」「物理的に離れる」**のが大切です。

なぜでしょうか？

こころの中の否定的な気持ちやイライラが増してきて、イライラの炎がメラメラ燃えているのに、それでも「聞いてあげなきゃ」と思って、話を聞いていると、そのうち爆発し

イライラしたら聞くのをやめて、その場を離れる

「急な用事」という逃げ場が使えないときには、お腹が痛くなったりするのがおすすめ

てしまうのが関の山だからです。

「この人、困ってるんだ。何か力になれれば」と思って、話を聞き始めたけれども、こころの中は、イライラでいっぱい。

そのまま我慢して聞いていると、いずれ爆発して、

「さっきから聞いていると、あんたって、本当に自己中なのねえ!!」

「悪いけど、もう無理だわ。聞いてらんない。あんた、絶対、間違ってるよ。いい?……」

こんなふうにブチ切れてしまい、関係がかなり悪化することになりかねません。場合によっては、数年、数十年間、いや、一生続く関係の悪化へとつながりかねません。

親子の会話でもよくあります。子どもが自分の気持ちを話して、母親が聞いている場面です。最初は子どものために、と思って、母親は話をわかろうとしていました。けれども、だんだんとイライラが募ってきます。

「あなたね、さっきから聞いていると、やっぱりあなたがダメなのよ」

こう言ってしまい、相手を否定してしまいます。

言われた子どもは、「やっぱりお母さんは、僕の気持ちをわかってなんてくれないん

だ」。そう思って、何かつらいことがあっても、もう何も話してくれなくなるかもしれません。そればかりか会話らしい会話が、このときから何年も、途絶えてしまうこともあります。

ぜひ覚えておいてほしいこと。それは――、

一生続く、死ぬときに後悔するような、親子や夫婦の関係の悪化は、自分がイライラしているときに発する否定の一言

によるものだということです。

しかも、これは悪意があってそうなるのではありません。

「この子の話を聞いてあげよう」

「妻の話を聞いてあげよう」

そう思い、善意で**相手の話を聞いている最中に、なぜか想定外の「イライラ」に襲われて、自分でも止まらなくなってしまうのです。そして暴言を吐くことで、一生続く関係の悪化という「最悪の結果」につながってしまう**のです。

では、どうしたらいいのでしょう?

聞く側の大原則7 イラッとしたら、その場から離れる

相手の話を聞いていて、イライラし始めたら、何か相手を傷つけない穏当な理由をつけて、その会話の場面を打ち切ることです。相手から物理的に離れることが大切です。家の外に出て2時間くらい過ごしたり、トイレにこもったりすることです。

聞く側の大原則8 しばらく(2時間くらい)外に出て、こころが穏やかになったら戻って聞く

これです。このことを覚えてもらうだけでも、この本を読んでもらった甲斐があるというものです。

死ぬときに後悔するような、一生続く大切な人との関係の悪化。

「あの人と、もっとわかりあえていれば」

「あの子と、もっとわかりあえていれば」

そんな人生最大の後悔の多くは、

「イラッとしたら、離れる」

この原則を守るだけで、防ぐことができるものだからです。

精神論では無理です。多くの人は、そばにいるだけで、相手への非難する気持ちやイライラをコントロールすることはできません。

物理的に、相手から離れる。外に出る。1時間から2時間は、離れる。

これ以外には、この人生最大の後悔を防ぐ方法は、ありません。

なんとか自分の気持ちをコントロールできる、などとは、決して思わないことです。自分の気持ちをコントロールできると思い込んでいる人の多くは、怒りを抑えられず、相手にイライラをぶつけてしまっています。気づいていないのは、本人だけです。

しかし、1時間も時間を取れないときは、どうすればいいのか。

例えば、トイレに行って、次のやり方で深呼吸をすることです。これなら3分もあればできます。

①鼻から3秒で吸う

②口をすぼめる
③お腹から、腹筋をめいっぱい使いながら、できるだけ長――く息を吐く

この呼吸法です。ポイントは腹筋を使って、「長――く息を吐く」ことです。限界まで長く吐くことです。これが、気持ちを落ち着かせるのに最適です。

もう一つ、時間がないときに、**即座に気持ちを落ち着かせる方法としておすすめなのは、アロマ**です。匂いがもっともダイレクトに、私たちの気持ちを落ち着かせてくれます。どんな匂いでもかまいません。好きな香りでないと、嗅ぎたくなりませんから、好きな匂いが一番でしょう。

イライラをしずめるお腹での呼吸のポイント

①鼻から３秒で吸う
②口をすぼめる
③お腹から限界まで長――く息を吐くのがコツ

アロマの助けを借りて、短時間で気持ちを落ち着かせましょう。

聞く側の大原則9　穏やかな気持ちに自分を整えてから、聞く

そして大原則7、8と同様のことですが、これも大切です。

話を聞いていて、イライラしてしまうときには、その直前に「予感」があることが多いものです。からだで感じられる「違和感」といってもいいでしょう。なんだか、「いやな感じ」が前もってあるものです。そのまま話を聞く場面に臨むと、まず、いいことは起きません。途中で「でもね」「そうはいってもね」と、相手を否定してしまうのがオチです。

話を聞く前に、自分の気持ちを整えておくのがよいでしょう。とはいっても、変に前向きになる必要はありません。

軽い瞑想のような、ボーッとした意識の構えが一番です。すべては、そのまま。あるがまま。そんな意識の構えをつくって、話を聞く場面に臨むといいでしょう。

すると、「え！　そうだったの！」と言いたくなるような驚かされる話を聞かされても、それほどうろたえはしません。

「そうか、そういうことなのか」

とそのままを受け止めながら、聞くことができるでしょう。

第2章　わかってもらう技術【初級編】

ここまで第1章で述べたのは、「聞く側」「理解する側」に必要な原則です。

しかし、お互いに理解しあう関係をつくるためには、「聞いてもらう側」「わかってもらう側」の努力や工夫も必要です。

そして、よく「うちの上司はわかってくれない」「うちの夫は話を聞いてくれない」などと不満を抱いている人の中には、これから述べる「わかってもらうための努力」「聞いてもらうための工夫」ができていない人が、圧倒的に多いのです。

つまり「わかってもらえないのはあの人が悪い」「話を聞いてもらえないのはあの人が人の気持ちがわからない人だからだ」と思っているその不満の原因は、実は、その人自身の「**わかってもらうための努力不足**」「**聞いてもらうための工夫不足**」によるところが、大きいのです。

では、わかってもらいたい人、聞いてもらいたい人がまず行うべき工夫・努力とは何でしょうか。

わかってもらう側の大原則1
「ちょっと聞いてほしいことがあるんだけど」と言う

それは、**「ちょっと聞いてほしいことがあるんだけど」**と勇気を出して言葉にする。

これに尽きます。

なんだ、それだけのことか。そう思われた方もいるかもしれません。しかし、これが意外と難しいし、勇気がいることなのです。

なぜでしょうか。なぜこの一言が言えないのか。

それは、この一言を言うことが、「今の自分のこころの壁」を突破することを求められるからです。「今の自分のまま」では、言えない一言だからです。

「ちょっと聞いてほしいことがあるんだけど」

この言葉を伝えるのに抵抗がある人は、これを言うのを我慢してきた人です。

夫や友人に自分の気持ちをわかってほしい、という気持ちをずっと抱えてきた。

けれど、以前に自分の気持ちを語ったときに、あまり聞いてもらえなかったり、「え、それだけ?」と思うような簡単な返事しかもらえなかったりして、落胆した経験があるのです。

思いきって自分の気持ちを話したら、「それは、あなたが悪いんじゃないの?」などと言われて傷ついた。もう自分の気持ちなんか、言うもんか。そう思って、固くこころを閉ざし続けた人もいるでしょう。結果――

「私は、わかってもらえなくても平気」
「わかってもらえなくても、大丈夫」

そんな「こころの壁」を作って、突っ張ることで、自分を支えてきた人たちなのです。

そんな人にとって、「ちょっと聞いてほしいことがあるんだけど」と口にすることは、新しい自分に生まれ変わらなくてはできない一大事です。

「わかってもらえなくていい」と、突っ張ることで自分を守っている状態
⬇「わかってもらいたい」と、こころを開いた無防備な状態

こんなふうに、無防備な状態に自分を変えることを求められるからです。

「ちょっと聞いてほしいことがあるんだけど」

この一言は、**二人の間に「わかりあえる関係」がつくられていくための第一歩**です。**すべては、ここから始まる**といってもよいでしょう。

「本音を話してみようか」とチャレンジする、ちょっとした勇気が必要です。またこのとき、ささいな違いですが、次のようには言わないことです。

> **×「ちょっと話したいことがあるんだけど」とは言わない**

「ちょっと話したいことがあるんだけど」と言われると、多くの人は何か、文句を言われるんじゃないか、と身構えてしまいます。

例えば、夫婦の間で、

夫「ちょっと話したいことがあるんだけど」➡妻「話ってなんだろう？　お金を使い過ぎてる、って言われるのかな」

妻「ちょっと話したいことがあるんだけど」➡夫「話ってなんだろう？　もしかすると浮

気を疑われてるのかな？」

こんなふうにあれこれ想像して、どんなふうにわが身を守ろうかと、身構えてしまいます。

一方、「ちょっと聞いてほしいことがあるんだけど」と言われると、言われたほうは、

「そうか、話を聞けばいいんだな（こちらを攻撃するつもりはなさそうだ）」

「そうか、わかってほしいんだな（わかってあげよう）」

という気持ちを素直に持ちやすくなります。

ほんの少しの言葉の違いが、二人の関係の大きな違いにつながっていきます。

わかってもらう側の大原則2
「いつだったらいい？」と「いつどこで？」を予約する

これは、きわめて現実的な工夫です。

「いつだったらいい？」

こう言ってもらえると、**話を聞く側は、自分の気持ちが「話を聞くのに適した状態」に**

なる時間と場所を決めて、伝えることができます。

後述しますが、プロのカウンセラーが行うカウンセリングでは、この「時間と場所の枠」が決定的に大きな意味合いを持ちます。

クライエントは「ここでしか会わないカウンセラー」「この時間にしか会わないカウンセラー」と、その枠の中で話を聞いてもらうからこそ、「そこでしかしない話」を安心してすることができるのです。

「大切な話を聞いてもらう」ためには、「時間と場所の枠」が必要です。

「いつならいい？」

「今日の19時ならいいよ」

こう約束することで、「時間と場所の枠」が設定されます。日常の中に「ちょっとだけ特別な時間」が設定されるわけです。

わかってもらう側の大原則3 突然、大事な話をしない

話を聞いてもらいたい人、わかってほしい人に覚えてほしいのが、この原則です。これ

が案外、夫婦間、親子間、恋人間、職場の人間関係であっても、コミュニケーションの食い違いにつながっているのです。

例えば、夫がテレビでスポーツ観戦をしながら、ビールを飲んでいるとき、突然妻が夫に語りかけます。

妻「あのね、今日ママ友の間で、こんなことがあってね……。結果的に私、仲間外れになっちゃって、すごくつらかったんだ」

しかし夫は、完全に試合の行方に夢中です。

夫「あ、そうなんだ……おおお、やった――、行け――」

妻「ちょっとあなた！　話、聞いてるの!?」

こんな状況、みなさんにも身に覚えがないでしょうか。みなさんにわかっておいてほしいのは、次のことです。

人間には、一度に二つのことができる人間と、一度に一つのことしかできない人間の、２種類がいる

男性には一度に一つのことしかできない人間が多く、女性には一度に二つのことができる人間が多いという指摘があります。私にもその印象が強いです。ただし、あくまでも割合の問題ですので、男性だから……女性だから……と決めつけるのは、よくないでしょう。一度に一つのことしかできないという人は、女性にもいるからです。

一つのことに集中してしまうと、ほかのことはまったく入ってこなくなるのです。**相手の話をきちんと聞くためには、「聞いてみよう」と思えるためのこころの準備やそのための時間が必要**です。

いきなり話を聞く、というのは無理なのです。

わかってもらう側の大原則4

一度に一つのことしかできない人間が何かに熱中しているときに、大切な話はしない

一度に一つのことしかできない人間が何かに熱中しているときに、大切な話をいきなり切り出して、わかってもらえなくてもそれは当然です。相手にしてみると、「不可能なこ

とを求められているとしか思えない」のです。

相手に「大切な話をしたい」「わかってほしい」「聞いてほしい」のであれば、突然、話しかけたりしないこと。

一言め「ちょっと聞いてほしいことがあるんだけど」

二言め「いつだったら、いいかな?」

まずはこう話しかけて、「時間と場所の設定」からスタートすること。このことを決して忘れないでください。

わかってもらう側の大原則5
多くを望まず、「聞いてもらえただけ」でOKとする。いきなり「本当にわかってもらう」を求めない

これも重要です。例えば、二人はこれからも東京で交際を続けるつもりでいた……という恋人同士がいたとします。

しかし突然、一方の親の都合で、例えば男性の側が、地方の実家に戻って家業を手伝わ

なくてはならなくなったとしましょう。そんな事情を聞かされた女性は、「遠距離恋愛はうまくいくだろうか」と心配になるでしょう。

「いっそ、私も彼の地元について行こうか。すると、結婚が近づくかもしれない」

「でも私の仕事はどうなる？　苦労して資格をとってやっと就職できたのに。彼の地元でこんな仕事、なかなかないよなあ」

「でもでも、こんなに相性のいい人、たぶん、もう一生、めぐりあえないよね……」

こんなことがぐるぐると頭の中を駆けめぐるでしょう。

つきあっている男性から「実家に戻る」という大切な話をいきなり切り出されて、「じゃあ、私はこうする！」と即決できるかというと、それは無理というものです。

この場合、男性からすれば、まずは彼女に話を聞いてもらって、「そっか、わかった……」、それだけ言ってもらえたら十分なのです。

やむにやまれず帰らなければならない事情や、決断するまでに迷いに迷った経緯などを「本当にわかってもらう」ことを求めないようにしましょう。

自分にとって大切なことを、こころを込めて話したのですから、相手の反応が気になるのは自然なことです。「どう思ったかな?」。そう問い返したくなるのも、わかります。

しかし、大切な話であればあるほど、相手は理解するのに時間がかかります。

「そっか、わかった」

これ以上の返事は求めない。ましてや、**「本当にわかってるの！」などと相手を責めたりしないこと**も大切です。「本当にわかる」のは、一度では無理。何度も話を聞きながら、じっくり時間をかけて理解する必要があるのです。

わかってもらう側の大原則6
「言わなくてもわかってほしい」は無理、と心得よ

これは、ここまで書いてきた大原則の、その元となる大原則……というよりも大前提です。

なぜか世の中には、「言わなくてもわかってよ」と、本気で思う人がいます。

「もう何十年も夫婦をやってるんだから」とか「家族なんだから」「つきあっているんだから」「これくらいのこと、言わなくてもわかってほしい」と思っているのです。……しかし、**「言わなくてもわかる」は原則、あり得ません。**もし、そうなったとしても、「たまた

ま奇跡が起きた」くらいに思ってください。

「**一緒に生活している夫婦だからこそ、言葉にしないと伝わらない**」。これが真実です。

なぜか？

人は、自分のことで精いっぱいだからです。ましてや日々、ともに生活をしているならば、相手のことはごくごく自然な存在。相手の思いに気持ちを寄せるのは「必要だと判断したときだけ」です。

さみしいように思うかもしれませんが、これが真実です。そして「それでいい」のです。

なぜなら、**一緒に生活をしている夫婦や親子が、相手に気を遣ってばかりいると、「自分の気持ちを押し込めるようになってしまう」**からです。

「私の気持ちをわかってよ」と求められすぎると、人は窮屈になります。しかも健康な人であればあるほど、つらくなります。なぜなら、「**私の気持ちをわかってよ」と求められすぎるのは不健全なこと**だからです。

ある人間が、ほかの人間の気持ちをわかるというのは、それほど大変なことです。

私たちカウンセラーや心理士など、人の話を聞いて気持ちを「わかる」ことを生業《なりわい》としている人間でも、一緒に暮らす家族の気持ちをわかるのは、なかなか大変です。

なぜなら、みな、自分のことで精いっぱい、だからです。自分のことで忙しくて、疲れきってふらふら。家族全員が同時に「もう限界」となっているケースも少なくありません。

そんなとき、突然、「私、あのね」と、語りかけられても困ります。

相手の話を「聞く」ためには、「こころの中にスペースを空ける」必要があるからです。こころの中に「スペース」を空けることができて初めて、「さあどうぞ。あなたの話を聞く準備ができました」となります。

それでも、一回で「本当にわかる」「十分にわかる」ことなど、不可能です。

同じ話や似た話を、何度も何度も聞きながら、ようやく「じわじわ、わかってくる」ものです。

一発で、十分に「わかる」のは、プロのカウンセラーでも不可能です。ましてや、普通の人に一回ちらっと話しただけで、十分わかるなど、できっこありません。

しかし、多くの人は「**私は、私なりのやり方でサインを発していた。なのに、わからないのはあなたが悪い！**」と相手を責めてしまいがちです。

いったい何様のつもりでしょうか。

相手の人も、自分の人生を生きるのに精いっぱいです。なのに、自分が発した小さなサインだけで、それに気づけ、というのは、無理というものです。

「わかりあう関係」は、二人でつくっていくものです。一方の、飛び抜けた洞察力や努力によって可能になるものではありません。

わかってほしい側、聞いてほしい側は、まず「ちょっと聞いてほしいことがあるんだけど」と言葉にする。そして、時間と場所を設定する。聞いてもらえたら、まずはそれだけでよしとする。

それ以上の多くのことは、望まないこと。これが、「わかりあう関係づくり」のスタートです。

第3章　聞く技術【中級編】

「わかってもらう側」から「聞く側」の話に戻ります。今度は中級編です。

実は、初級編をクリアできた人にとって、中級編のクリアはそれほど大変ではありません。

なぜなら、多くのことに当てはまりますが、「ゼロ地点」から「初級編」をクリアするまでがひと苦労です。「わかりあう関係づくり」でいえば、その土台を築くまでに根気が必要です。

「ねえ、ちょっと聞いてほしいことがあるの」――こう言って、時間と場所を設定してもらう。

話を聞く側は、まず「聞く」ことに徹する。アドバイスをしたり、説教したり、理不尽と思える話を聞いても「そんなの無理だよ！」とキレたりしない。

最後まで話を聞いてくれて「そっか。あなたも大変だねえ」「それはつらいねえ」と言ってもらえた。

これだけで、もう問題の3分の2はクリアしたも同然です。

しかし、そこをクリアすると「次はどうすればいいの？」となるもの。わかってもらう側も「もっと聞いてほしい」「もっとわかってほしい」と気持ちが募ります。

そこで、中級編です。

読者の中には、傾聴講座やカウンセラー講座などに参加してみたことがある方もいるかもしれません。そこで最初に教わる内容に相当します。一気にクリアしたいところです。

聞く側の大原則10 あいづちとうなずきは「低め、ゆっくりめ、大きめ」で

これは、とても大切なこと。でも、なかなかできていないのです。

話をする人。話を聞く人。

たいていの場合、話をする人の声は大きくはっきりしていて、話を聞く人の声は小さく不明瞭になりがちです。

せっかく一生懸命に聞いているのに、小さな声で「むにょむにょ……むにょむにょ……

むにょむにょ」などと発していることが少なくありません。すると、話している側も「ん？？？」となって、話を聞いてもらえた感じがしません。受け止めてもらえた安心感も、ありません。

せっかく一生懸命に話を聞いているのに、これでは、とてももったいないです。**話を聞く側は、話をする側よりも、少しだけ大きな声ではっきりと、「ええ、ええ、なるほど……」とあいづちを打ちましょう。**

また、声の高さやスピードも大切です。

話をする側は「あのですね、これがこうして、あれが、こうで……」とたくさんのことを早口で話しがちです。たくさんのことを「わかってほしい」からです。また、声も高めになりがちです。

ですので、**話を聞く側は意識して話をする側よりも「少しだけ、低め、ゆっくりめ、大きめ」の声**で返しましょう。また、**うなずきも同様に話をする側よりも「ゆっくりめ、大きめ」**にしましょう。

傾聴の練習をしているときに「自然体で」聞こうとする方もいます。気持ちはわかりますが、多くの場合、話をする側にとっては「少し物足りない」と感じることが多いようです。

話をする側は、「相手が受け止めてくれたかどうか」「ちゃんとていねいに聞いてくれているかどうか」にとても敏感です。聞く側が「自然体」で聞いていると、話をする側は「本当に聞いてくれているのかなぁ」と不安になりがちなのです。

話を聞く側は「ちょっと大げさかも」「ちょっと不自然かも」と思うくらいに、ゆっくり、大きめにうなずいて、ちょうどいいのです。話が大切な内容であればあるほど、そうなるように思います。

ましてや、「真剣な悩み」「誰にも言えない大きな悩み」を聞いてもらうときには、話し手はとても敏感です。聞く側としては、「ちょっとわざとらしくないかな」と思うくらいに、**ゆっくり、大きく、ていねいにうなずく。相手よりも少し、低め、ゆっくりめ、大きめの声で「ああ、そうなんだ」「なるほど」と、あいづちを打つ。**

これが、大切な話を聞くときの「基本のキ」です。

聞く側の大原則11

視線は「顔あたりをぼんやり」と見る。時折、しっかり合わせる

話を聞くときに、相手のどこを見ていればいいか、戸惑う人もいるでしょう。

あんまり目をじっと見ていると、なんだか圧をかけるみたいだし、でも、ちゃんと顔を見ないと、真剣に話を聞いていないと思われるのもいやだ。どうしたらいいんだろう？となるのです。

私は、カウンセリングなどで、大切な話を聞くときは、**「顔あたりをぼんやりと見て、時折、視線をしっかりと合わせる」**ようにしています。

米国のカウンセリングの教科書には、「アイツーアイ・コンタクト」、つまり、目と目をしっかり合わせるように、と書かれています。

しかし、日本人の場合、これでは少々、圧が強すぎるようです。

けれども、話の大切なポイントで、目と目が合っていないと、しっかり聞いてもらえた感じがしません。

顔あたりをぼんやりと見て、時折、大切なところでは目と目をしっかり合わせる。これ

くらいが、ほどよいようです。

以前に、多少、対人恐怖の傾向があるカウンセラーの方と話をしたときに、その方は、「相手のネクタイの結び目（女性だったら首元）あたりを見るようにしている」と言っていました。それでは、話をする側は、少し物足りないのではないかと思いましたが、大切な話のポイントではしっかり目を合わせていれば、それでもよいでしょう。

また、**恋愛で相手に好意を伝えたいときには、「相手の額のあたりを見るとよい」**と言われています。額を見るとなると目線が上がりますし、自信を持って訴えている感じがします。

このあたりの視線の使い分けも大切でしょう。

聞く側の大原則12　座る「距離と角度」は、話す側に合わせて

これも大切です。

相手によって、「どのくらい距離をとって、どの角度で」聞いてほしいかは異なるものです。また、何回話を聞いているか、相手との関係性によっても異なります。

最初は正面に座り、少し距離も近めで。

時間が経つにつれて、少し斜めに30度くらい角度をつけて座る。

これくらいが好まれることが多いようです。

距離については、何回か会って慣れていくうちに少し遠めの距離をとるほうが（最初は近く、次第に距離をとる）、リラックスして、自分の内面と向かいあいやすいようです。

もちろん、話の内容や二人の関係性、性差や年齢差なども影響するでしょう。いずれにせよ正解は一つではありません。**万人が好む「角度・距離」はない**のです。

そのため私は、**座るときに自分の椅子を少しだけ動かす**ようにしています。

すると、それを見て、相手も自分の椅子を動かします。

話をする側が「自分はリラックスして話していいのだ。また、リラックスして話すのにほどよい距離と角度を自分でとってよいのだ」と思えていることが大事です。

カウンセリングの場などでは、「前もって決められた椅子に、前もって決められた距離と角度で座らなければならない」「自分で椅子を動かしてはならない」と思っている方もいます。真面目な方ほど、その傾向は強いかもしれません。

そうではなく、リラックスして話してもらっていいこと、そのために自分の椅子を好きなように動かしてよいことを伝えたいものです。

聞く側の大原則13 最初は軽く前傾姿勢で、徐々にリラックスした姿勢に

そして、話を聞くときの姿勢も大切です。

話を聞いている側が、あまりに姿勢がよすぎると、ガチガチな硬い雰囲気になってしまい、それが話をする側にも伝わって硬直させてしまいがちです。

とはいえ、逆に最初からあまりリラックスしすぎた姿勢で聞くと、相手に「真剣に聞いてくれていないのでは……」と不安を与えてしまいます。

最初は、少しだけからだを前に傾けて、軽く前傾の姿勢で聞く。

そのあと少しずつ、リラックスして、からだを後ろに傾け、椅子にもたれるような姿勢で聞くのがよいようです。

話をする側の意識のありようの変化にも合わせます。

相手に「わかってほしい」気持ちで話すのを聞くときには、**聞くほうもからだを少し前のめりにして「さあ、聞きますよ」と、積極的に受け止めていく姿勢**を打ち出すのがよい

でしょう。

けれども、だいぶ時間が経ち、リラックスしてきて「そういえば、あのときは……」などと、過去の思い出をボーッとしながら語ったり、「これからどう生きていこうかなぁ」と将来のことを思い浮かべながら話したりするときには、話をする側も「わかってほしい」という気持ちはもうだいぶ薄くなっています。それよりも、聞き手と一緒になって、いろいろなことに思いをめぐらしながら、これからのことを模索していくような意識のモードになっています。そのときには、聞く側もリラックスして聞くのが大切です。

話す側が「わかってほしい」モードのときには、話す側は、聞く側のほうをしっかり向いて話します。このときには、**聞く側も、話す側の目をしっかり見ながら、姿勢も多少前のめりになって、前傾姿勢で聞く**のがフィットします。

一方、話す側が、将来のことをあれこれ思いめぐらしていたり、過去のことを思い出したりしている「**探索」モードのときには、聞く側も、相手と目は合わさず、むしろ話す側と同じ方向を向きながら、一体感を味わうように聞く姿勢**のほうがフィットします。このときは、聞く側はリラックスして、遠くを見るような姿勢で聞くほうが、話す側の自己探索を妨げずにすむでしょう。

聞く側の大原則14 理解した内容を短く確認する

話をしている側は時折、「本当にわかってもらえているかな」と不安になるものです。

そのため、話を聞いている側は、**相手の話が一段落したところで、理解した話の内容を確認することが大切**です。

「そうですか。その仕事が好きだと思ってずっとやってきた。けれど10年以上もやっていると、職場の中では古参で、まだいるのか、と言われかねない雰囲気がある。それで、職場を移ろうかと思い始めた。そういうことでしょうか？」

このように、理解した話の内容を時折、確認しながら聞いていくのです。

しかし、夫婦間や友人間の会話では、こんな堅苦しい確認は不似合いです。その場合は、「仕事の内容そのものは好きだったし、今も好きなんだね。でも、職場の雰囲気が変わってきてしまって、古参扱いされるのもなんだか居心地が悪い。それで、職場を変えようかなって思い始めたのかな」というふうに、くだけた感じで時折確認の合いの手を入れるのです。

大切なのは、あまり「長くならない」ようにすること。可能な限り「短く」確認の言葉を入れることです。先の例でいえば、「職場を変わりたい気持ちがあるんですね」くらいでもよいです。

「話の内容の要約」を長々とするのは、やめましょう。「要約」をされると、雰囲気が事務的になってしまいます。

話す側は「わかってほしい」気持ちがあふれて、たくさんのことをどっと語ることがあります。このとき、あまり長く確認の言葉を差しはさむと、その間、話すのをやめて待っていなくてはいけません。そして、**話を止められると、こころの動きも止まってしまいます。**自分が言いたいこと、話そうとしていたことが何だったのか、わからなくなってしまう人もいます。

話のポイントは、可能な限り、短く、確認していきます。

話の要約が長い人で、カウンセリングや傾聴がうまい人を、私は見たことがありません。

聞く側の大原則15　相手の「気持ちを表す言葉」をゆっくり繰り返す

これも、傾聴講座やカウンセリングの基礎講座で、基礎的な技法として最初に教わることです。カウンセリングの分野で**「感情のリフレクション（伝え返し・反射）」**と言われているものです。

前述したように、相手の話の「内容」を長々と要約すると、話し手の妨げになり、またわかってもらえた気持ちにもなりません。では、何がポイントなのか。

その話で相手が言わんとしている、その人の「気持ち」を表す言葉をそのまま繰り返すのです。

聞き手「そうか……もうやってられない気持ちなんだ……」

これだけでかまいません。

話す側は、相手が自分の一番気持ちのこもった言葉を繰り返してくれるのを聞くことで「私が一番言いたかった気持ちをわかってもらえた」「気持ちが伝わった」と思います。

ここで難しいのは、相手の話のどの言葉が、一番気持ちを表現するものなのか、それを見極めることです。

話し手が一番伝えたかった気持ちが「ずっと孤独で頑張ってきた」ということなのに、そこからまったくずれたところ、例えば「トップになれてうれしかったんですね」と返されると、「あぁ、この人は、ちょっとずれてるな」「私の話のポイント、私の気持ちを今ひとつわかってくれないな」という思いになってしまいます。

この「ずれ」が重なると、「なんだかこの人とはしっくりこないなぁ」と感じ始めてしまいます。

どの言葉が、相手が一番思いを込めて使った言葉か？　それを見極めるのには、多少のトレーニングが必要です。

聞く側の大原則16
自分の関心から質問しない。質問は相手の関心に沿って

話を聞いていると、質問したくなることがあります。話を聞いている途中で、相手に質問してよいのか？　遮ってしまい、話の邪魔になったりはしないか？　迷うところです。

もちろん、質問をしてもかまいません。それは、ある条件を満たしたならば……です。

その条件とは、**自分の興味を満たすための質問ではない**、ということです。自分の興味・関心を満たすためになされた質問は、相手の話す意欲を失わせることが多いもので

す。

例えば、ある人が「最近、仕事が楽しくて」と、話していたとしましょう。

こういうとき、よい質問は、「どんなところが楽しいんですか？」「仕事が楽しいな、と最近、思ったことを教えてください」といった内容のものです。

つまり、**相手の気持ちをよりよく理解するための質問**です。相手の関心に沿って、質問をしていくのがよいのです。すると、相手も、自分の話に関心を持ってくれたと喜んで話を続けてくれるでしょう。

アーヴィン・D・ヤーロム（1931年〜、米国の精神科医）という高名な心理療法家がいます。

この人の言葉に、「クライエントに、自分の関心からかかわってはいけない。クライエントの関心に立って、クライエントの関心から、クライエントの『こころの窓』から、クライエントに見えている世界を一緒に見ることが大切だ」といった趣旨の言葉がありま す。相手の人を、相手の関心に沿って、理解すること。その人がどんな関心を持っていて、どのように世界や人生とかかわっているかを理解することが大切だというのです。

また、相手の話をよく理解するための質問もよいです。

話を聞いていると、相手の話の筋が見えなくなることがよくあります。相手の人は話のプロでないから、多少わかりにくくても当然です。

例えば、話に出てきた男性が、話し手の弟のことなのか、夫のことなのか、わからなくなることがあったとします。そのときは「あの……今のお話は、弟さんのこと？　それともご主人のこと？」とたずねましょう。

話の中身がわかっていないのに、聞いているふりをしていると、じきに気がつかれてしまいます。「あなた、聞いてなかったのね？」となるのがオチです。これでは、せっかく時間を共有した甲斐がありません。

そこで新たな原則――、

聞く側の大原則17　話をわかっていないのに、聞き流したりしない

これが大切になります。

そして聞いて一段落したら、一言こんなふうに言いましょう。

聞く側の大原則18
「大切な話をしてくれてありがとう」「お話をうかがって、なんだか胸が締めつけられる気がしました」

もちろん、このとおりのセリフでなくてかまいません。話を聞いていて「どんな気持ちになったか」を率直に伝えられればいいのです。「とてもこころに響いてきます」「お話をうかがって、新しい視点が生まれました」と伝えるのもいいでしょう。

相手が話をしてよかった、と思うのは、「この人は、打てば響く人だ」と思えるときです。そのためには、聞いたときのこちらの反応が大切です。

とはいえ、聞いた内容について「それは、〇〇ということですね」と解説を加えると、なんだか「上から目線でマウントされた」と感じさせたりして、大切に聞いてもらえた感じはしません。「お父様との関係がトラウマになっているのでしょうか」などと、心理学的な解釈を加えられるのも、ゲンナリします。

解説や解釈はなしにしましょう。

「話を聞いて、自分がどんな気持ちになったか」

それを短く、一言で伝えるのが、一番うまくいきます。
なかには、孤独感が強く、「ずっとひとりで頑張ってきた」「私はずっとずっとひとりだった」「ずっと誰にもわかってもらえなかった」という気持ちを語る人もいるでしょう
そのときには、その話を聞いていて、どんな気持ちになったかを伝えましょう。

「そうですか。もう長い間、ずっとずっと、ひとりで頑張ってこられたんですね。誰にも、わかってもらえなかったんですね。お話をうかがっていて、こちらもなんだか、胸が締めつけられるような思いがしました」

「こうやってお話をうかがっている間だけでも、二人で一緒にあなたの痛みを感じさせてもらえればと思います」

このようにして、話を聞いているうちに生じてきた思いを伝えます。

ずっとひとりで頑張ってきた。誰にも自分の思いを語ることができなかった。そのような人が、あなたを信頼してせっかくこころを開いて語ってくれたのです。

それに対する思いをしっかりと伝えましょう。

このとき、聞く側が、なんだか型通りの言葉しかかけてくれなければ、勇気を持って話

をした相手は、「やっぱり私はひとりだ」という思いに再び沈むことになるでしょう。そして「やっぱり私の気持ちは誰もわかってくれないんだ。話なんかするんじゃなかった」という気持ちを強くして、二度と自分のこころを開こうとしなくなるかもしれません。

せっかくこころを開いて話をしてくれた人に対して、こちらは「どんな気持ちになったのか」、ひとりの人間として伝えていきましょう。そうしなければ、相手の気持ちや勇気に報いることはできません。

そして、話をする側にも求められることがあります。それは「自分のこと」を話す、ということです。

わかってもらう側の大原則7

一般論や出来事の話ばかりでなく、「自分のこと」を話す

「今日見た映画はこんな話で……」「友達の○○さんがね……」「最近の政治はまったく……」

最近見た映画、共通の友達、世論などについて長々と話をする人がいます。家族や友人同士で、そんなたわいもない話をすることはよくあるでしょう。また、「この前読んだ○○という本はね……」などとおもしろかった作品の紹介をすることもあるでしょう。

しかし、「ちょっと聞いてほしいことがあるんだけど」と、わざわざお願いして、時間をつくってもらっていたのだとしたら……。聞いている側としては「もっとダイレクトに、あなたの話が聞きたい」と思うのではないでしょうか。

自分のことを語るのは、勇気がいるかもしれませんが、「あのね、私はね、こう思うんだ」と、ほんの少しの勇気を持ってこころを開いて語ってみましょう。

わかってもらう側の大原則8
意見や推論でなく、「自分の気持ち」を話す

せっかく自分のことを語っても、自分の「気持ち」は語らず、意見や推論ばかりを語る人もいます。

「最近の学校教育はおかしい。なぜなら……」

「うちの部長は管理職としての適性がない。というのは……」

こんなふうに、何かに「意見する」というやり方でしか、自分の思っていることを話せない人です。

しかし、話をする側が「意見」を語っていると、話を聞いている側も「賛成」か「反対」か、それにどういう「意見」を持っているかを語らなくてはならない気持ちになってきます。

「そうかしら。私は、今の学校や先生はよく頑張ってくれていると思うわよ。昔は、もっとひどかったじゃない」

「でも、あの部長さんにも、功績はあるでしょう。必ずしも適性がないとは言えないと思うよ」

こんなふうに反論されて、またこちらもそれに反論し……という形で、議論になっていくこともあるでしょう。それが続いていくと、話を振ったほうは「この人には、わかってもらえなかった」となって、話を打ち切ることにもなりかねません。

そもそも、「ねえ、ちょっと話を聞いてほしいんだけど……」と切り出したときに、わかってほしかったのは、自分の意見や考えではなくて、「気持ち」だったはずです。けれども、それは素直に言わなければ、伝わりにくいのです。

「ちょっと話を聞いてほしい」と思ったときに、本当に聞いてほしかったのは、何だったのでしょうか？

それは、今の学校教育の内容のことではなく、保護者会があって学校に行ったのに、保護者グループの輪には入れなかったし、担任の先生には親としてダメ出しされたように感じて落ち込んだ、という気持ちだったかもしれません。

あるいは、部長が自分の仕事の成果をあまり認めてくれずに、職場にいてもなんだか居心地が悪くて仕方ない、という気持ちだったかもしれません。

そのようなとき、私たちはつい「学校批判」や「部長批判」という形で自分の気持ちを語ってしまいがちです。すると、聞いた側としては、自分の意見を言ったり、議論の相手になったりすることを求められていると勘違いしがちです。

話をする側は、自分の気持ちをそのまま言葉にするほうが、相手にはずっと伝わりやすいのです。話を聞く側も「気持ちを受け止めればいいんだな」という構えをとりやすくなります。

「この前、子どもの学校に行ったんだけど、保護者のグループに入れなかったんだよね。なんだか浮いている気がして、どうすればいいかわからずに困っちゃった」

「担任の先生と話をしても、子どものことをほめてくれないし、なんだか自分が親として否定されているような気持ちになって、少し落ち込んじゃった」

「部長は、僕のよいところを認めてくれていない気がして……そのせいか毎日、職場に行っても居心地が悪いんだ。会社に行くのがだるい」

こんなふうに、**自分の「気持ち」を率直に語ってくれると、聞く側も素直にそれを受け止めやすく**なります。相手に「わかってもらいやすく」なるのです。

もちろん、意見や考えの背後には「思い」があります。

男性の中には、「自分の気持ちを語るなんて、そんな恥ずかしいこと、もうずっとしてこなかった」「無理ですよ、そんなの恥ずかしくて」という人もいるかもしれません。

しかし、**自分が「意見」や「批判」を口にすることで、「その背景にある自分の気持ちまでもわかってほしい」というのは、甘えがすぎます。**話を聞く側にとって「議論の背景にある気持ちまでも読み取る」などというのは、至難の業《わざ》です。

少しの勇気を持って、うれしかったり、つらかったり、さみしかったりした「自分の気持ち」を、そのまま言葉にしてみましょう。そのほうがずっと相手に届きますし、「わかってもらいやすく」なります。

わかってもらう側の大原則9 まずは気持ちを語る。状況説明はそのあとで

例えば夫婦や親子の間に「わかりあえる関係」を築こうとするならば、話す側にも「わかりやすく話す」という努力が必要です。

そういうと「私、頭が悪いから、そんなの無理」という人がいますが、大丈夫です。「わかりやすく話す」には、理路整然と話す必要はありません。

大切なのは、「私、つらかったの」「僕、さみしかったんだ」と、自分の気持ちをそのまま言葉にすること。意見や批判、議論などの形をとらないことです。

まず、自分の「気持ち」を語り、その後でその状況を説明することです。

聞く側にしてみると「うれしかった話」を聞くのと「つらかった気持ち」を聞くのでは、心構えが違ってきます。周辺の事情を最初から長々と話し続けられると、「どんな構えで聞けばいいのか」と戸惑うこともあります。

「この前さ、ちょっとつらいことがあったんだけど、聞いてくれる？」

「この前すごくうれしいことがあってさあ、あのね……」

こんなふうに「まず気持ちを語る」ようにしましょう。すると、聞く側は心構えがしや

すくて、聞きやすくなります。

わかってもらう側の大原則10　聞く側の「わかろうとする努力」に協力する

「わかりあえる関係」をつくるには、二人の努力が必要です。

聞く側も話す側も、努力し続けなければ「わかりあえる関係」は維持できません。

そして、「話をする側」が「わかってほしい気持ち」を相手にわかってもらうことが、会話の筋になります。

話をしていると、「あれ、ちょっと誤解されてるかな」「わかってもらってないかも」と思う場面があるかもしれません。例えば、「今の話は、弟についての話なのに、父親の話だと思われている気がする」といったとき、話をしている人の多くは、「せっかく話を聞いてくれているのに、間違いを指摘するのは失礼だ」と思うものです。

しかし、やはり間違いは間違いなので、わかってもらえていない感じが徐々に募ってきます。

「わかってもらえていない」「ちょっと勘違いされている」と思ったら、そのズレを修正していきましょう。

「今の父の話じゃなくて、弟のことなんです」

「えっと、〝苦しい〟っていうよりも、〝切ない〟って言ったほうが近いかなぁ」

こんなふうに、誤解を修正しながら会話を進めていきましょう。二人で協力して「わかる」「わかってもらえている」関係づくりに努めるのです。

話を聞く側は、時間を確保する必要があります。15分なり30分なりと、話を聞くには、注意力も必要です。わかりにくい話をわかろうとするのには、根気も必要です。

自分の気持ちをわかってもらうために、相手は、そのような努力を払ってくれているのです。聞いてくれたことに対する「ねぎらいの言葉」をかけたいものです。

わかってもらう側の大原則11
「わかろうとしてくれて、ありがとう」とねぎらう

相手に自分の話を「聞いてもらった」とき、そのあとで具体的には、こんな言葉を伝えたいものです。

「わかろうとしてくれて、ありがとう」
「私のわかりづらい話を聞いてくれて、ありがとう」
「私の気持ちを一緒に感じてくれて、ありがとう」

こういった言葉が最後にあると、「今日は、この人の話を聞かせてもらってよかったなあ」という気持ちになるものです。

「ううん。こちらこそ、大切な話をしてくれて、ありがとう！」

こんなふうに会話を終えたいものです

「話を聞く」のは、かなりの労力とエネルギーを必要とします。決して「話ぐらい聞いてくれて当然だ」といった傲慢《ごうまん》な態度はとらないようにしましょう。

コラム1

傾聴についてのよくある誤解

ここで、傾聴についてのよくある誤解を解き、さらに理解を深めてもらうためにいくつかのトピックを取り上げたいと思います。

誤解① ×相手をポジティブにほめたり肯定したり、いいところを見つけて励ます

これは、よくある誤解の一つです。

ポジティブシンキングが１９９０年代に流行り始めて、もう30年も経とうとしています。

ポジティブにものを考えるのがいい。ネガティブはダメ。そんな風潮が強い時代には、「ネガティブ」の行き場がなくなり、こころが捻《ね》じれていきがちです。

傾聴は、相手をポジティブにほめたり肯定したりすることでは、ありません。

「もう、私ダメだ。もうやってられない！」と自暴自棄になっている人に対して、「そん

なことないよ。ダメじゃないよ。絶対できる！」と励ますことではないのです。

「そっか……。もうダメか。やってられないか……」

そんなふうに、ネガティブなこころのつぶやきをそのまま受け止めていきます。

「私なんか、いいところがない。全然ない。ダメなところばっかり……」

そんなふうに言う人に対して、「そんなことないよ。いいところ、たくさんあるよ」と励ますことが、傾聴ではありません。

「私なんか、いいところがない」と言われたら、

×「そんなことないですよ。あなたには、いくつも魅力的な点がありますよ」

と言うことはしません。むしろ、
○「そっか……。自分にはいいところなんてまったくない。そう思っちゃうんだ……」
とそのまま、受け止めていきます。

傾聴は、こころの「ネガティブ」にも、居場所を与えるような行為です。

実際のところ、「ネガティブであること」を禁じられてつらい思いになっている方はたくさんいるものです。

「ネガティブ」は「ネガティブ」なまま。そのままでいい。ネガティブであることにも居

場所を与えておく。そうすると、人は気持ちを立て直してやっていけるのです。

誤解②
×「わかりますー」と同感したり「そうですよね」と調子を合わせたりする

これも、大きな誤解です。

「ここの人たち、もう最悪なんですよ」

「そうですよね、最悪ですよね。わかりますー」

このように、相手の調子に合わせて「わかりますー」と同意を示すことが共感であると、誤解する人がいます。しかし、これは「同感」であって「共感」ではありません。**「共感」は、相手と私が同じであることを必要としません。むしろ、両者の「違い」を尊重する行為**です。

「同感」と「共感」は、かなり違います。同感が「私もわかりますー」と二人が同じ気持ちになっていることを前提としているのに対し、共感は二人の気持ちの違いを前提としています。**共感とは、相手の内側の世界に入り込み、相手自身になるくらいに、相手の立場**

に立ったものです。「私も……」といった自分の気持ちのことではないのです。

誤解③ ×相手の言葉をそのまま繰り返す

これは、カウンセリングの勉強を表面的に少しかじったことのある人の誤解です。

「**とても苦しいんです**」と語る人に、

「**とても苦しいお気持ちなんですね**」と返す。

このように、「○○なお気持ちなんですね」と返すのが傾聴ではありません。これはオウム返しです。

話した相手からずっと「○○なお気持ちなんですね」と言われ続けたら、誰でもいやな気持ちになります。まるで機械を相手に話しているかのような気持ちになるでしょう。あるいは、小ばかにされているようで、頭にくるかもしれません。

実際のカウンセリングでは、もちろんこのような返し方はしません。カール・ロジャーズの傾聴では、「相手の言葉をそのまま繰り返す」ことはほとんどしていません。むしろ、傾聴では相手が言わんとしていることの、そのまだ**言葉にならないエッセンスをつかんで「○○ということでしょうか」と確認していく。**そのようなレスポンスが中心になります。

そして次に紹介する項目も同様に、「型」にとらわれがちな日本人らしい誤解です。

誤解④
×いつも「あなたは、○○な気持ちでいるということでしょうか」と応答する

いつも定型句のように「あなたは、○○というお気持ちでいるということでしょうか」と返されると、生身の人間と話をしている感じではなくなるでしょう。

実際にするのは、相手が言わんとしていることのエッセンスを自分なりにつかんで「確認する」という行為です。

例えば、「**今の職場にいるのはもうしんどくて、でも辞めるふんぎりもつかないし……**」と語る人には、

「**辞める決心もつかないし、でも今の職場にいるのはつらい……**」と返す。

また、**「まさか信頼していたあの人に裏切られるなんて……」**と語る人には、**「まさかそんなことが起こるとは、思ってもみなかった……」**などと、相手の気持ちのエッセンスを自分なりにつかんで応答します。

誤解⑤
×「あなたは○○な気持ちなんですね」と相手の気持ちを「当てにいく」

カウンセラーの中には、「相手の気持ちをピタリと当てることができなくてはならない」と思っている人がいます。これも誤解です。「そうなんです」「ピッタリです」「どうしてわかったんですか！」という反応を求めていては、傾聴になりません。

傾聴とは、二人でていねいに言葉を交わしながら「わかってもらう」関係を二人でつくっていく営みです。

もし相手の意図をうまくつかめていなければ、「○○ということでしょうか」と質問するなどして、もっとしっくりくる言葉を二人で探していけばいいのです。

誤解⑥
×「あなたは〇〇ですね」と、相手の話を「要約」する

傾聴を学び始めたときに、よくある誤解です。

例えば、話し手が5分くらい話をします。すると、聞き手の中には、「〇〇ということでしょうか?」と聞いた話の内容を1分くらいにまとめて「要約」しようとする人がいます。

私は、そうやって「要約」する人の中で、傾聴がうまい人を見たことがありません。

1分くらいの間自分の話を要約されたら、話した側はその間、自分の気持ちの動きを止めて、聞き手の言葉が終わるまで、じっと待っていなくてはなりません。**要約は、話し手の「内面のプロセス（こころの動き）を止めてしまう行為」**です。

そうして待つ間に「あれ、こんな話をしたんだっけ?」「あれ、どんな気持ちでいたんだっけ?」と話し手の気持ちが置いてけぼりになってしまうこともよくあります。

聞き手が理解した内容は、「要約」ではなく、できるだけ短めに確認するだけにとどめましょう。

誤解⑦
×「悲しい」「怒っている」など感情にかかわる部分をピックアップする

傾聴を学ぶと、相手の話の内容や事実ではなくて、「気持ち」をつかんで、言葉にして返していきましょう――そう教わることがあります。

これは間違いではありませんが、あまり機械的に行うとおかしなことになります。

「あなたは怒っているんですね」
「あなたは悲しいんですね」
「あなたはうれしいんですね」

などと、やたらに言われると感情の「型」にはめられている気もするし、場合によっては「私って怒ってるのかな?」と思考が中断され、話す意欲が失せてしまうでしょう。

実際のカウンセリングでは、**「怒り」や「悲しみ」といったはっきりした「エモーション(情動)」をピックアップする、ということはあまりしません。**それよりも、もっとあいまいな、まだ言葉にならないけれども「感じられた意味」や、相手が「言わんとしていることのエッセンス」をつかんで、言葉にして応答するのです。

コラム2
よい傾聴のための3つの条件

では、どのようにして応答するのがいいのでしょうか。次に、よい傾聴の条件についてお話ししていきましょう。

よい傾聴の条件①
○相手のこころの鏡になる

相手の話の中で表現されていることのエッセンスをつかみ、それを鏡のように映し出していきます。

映し出すものは、単に、相手の話すことがらや内容でもなければ、相手の気持ちでもありません。それよりもむしろ、相手の話の中で、

・**表現されていることのエッセンス**
・**感じられている意味**（フェルトミーニング：felt meaning）

これらをつかんで、それをありありと映し出すのです。

よい傾聴の条件②

○「キーワード」で相手の話を表現し、そのエッセンスを映し出す

大切なのは、「ぴったりな言葉を二人で探す」ということです。

例えば、カウンセリングの場で、あるクライエントからこう言われたとしましょう。

「なんだか、こわいんです。なんでこわいんだろう。よくわからないんですけど、なんだか、こわいんです」

そのまま30分ほど話を聞いていくうちに、私の中で「**なんだか話がうますぎる。それが、こわい**」「**なんだかおいしい展開すぎて、こわい**」という言葉が浮かんできました。

浮かんだ言葉を相手に伝えると、「ああ、それだそれだ、私が感じていたのは」という言葉が返ってきました。

話をしているほうは、自分が感じていることのすべてを言葉にできるわけではありません。むしろ、「**何か言おうとしているけれど、うまく言葉にならない感じ**」「**感じられているけれど、言葉になっていない何か**」があって、それこそが急所であることが多いので

す。

二人で協力して、その何かにピタリとくる言葉にしていく。それを二人で協力して行っていきます。

聞き手が語った言葉がピタリとこないことも、しばしばあります。そのようなときには、話をしている側に、自分のこころの中で響かせてもらい、その言葉がぴったりかどうかを照合してもらう作業が必要になります。

そして「えっと、先ほど言ってもらった『せつない』という言葉なんですけど……なんだかしっくりこなくて……むしろ『やるせない』感じなんです」

「なるほど、『やるせない』……」

「はい。そうなんです」

このように二人で協力して言葉を修正していきます。

よい傾聴の条件③

◯聞き手と話し手二人が共同で、ぴったりな言葉を探す

「共感的理解」というのは、話し手と聞き手が力を合わせて、二人で「つくっていく」ものです。それは、

「もしかして、こうなんじゃないですか？」

「例えば、こういうことでしょうか？」

このようにして、聞き手が一方的に話し手の気持ちを「当てにいく」こととはまったく異なります。

強引に自分の理解の枠にはめられている気がして、わかってもらえている感じは皆無に近いでしょう。

第2部

大切な人との関係を壊す会話、改善する会話　実践編

第2部では、大切な人との関係で、「ついやってしまう失敗パターン」と、その改善方法についてお話ししていきます。具体的には、

第1章　夫婦
第2章　親子
第3章　上司と部下
第4章　友達・恋人
第5章　教師と生徒

といった人間関係別に5つの章に分けて、相手との関係を壊してしまう失敗パターンとその改善例を取り上げていきます。

二人の関係の中で、何をしてはいけないか、何をしたらよいか？　第1部で紹介した大原則を思い出しながら、考えてほしいと思います。

第1章 夫婦の会話のNG例と改善例

「聞く技術」がもっとも必要とされているのは、夫婦関係ではないでしょうか。長年カウンセリングを行う中で、夫に「もっと話を聞いてほしい」「もっとわかってほしい」という女性の切実な声を幾度となくお聞きしました。そこには必ず、絶望まじりのため息が伴っています。

夫婦は、育った環境も違えば、価値観も異なります。そんな二人が一緒に生活するのですから、わかりあえないことも多く、衝突することもあるのが当然です。パートナーとの関係を良好に保つには、二人で協力してお互いに話を「聞く・聞いてもらう」関係を築いていけることが理想です。

話をていねいに聞いてもらえると、「この人は私のことを、大切に思ってくれているのだな」と感じることができます。妻の不満のワースト1は「夫が話をちゃんと聞いてくれない」ことなのです。

「私はあなたのことを大切に思っています」と言いながら、こちらの話をまともには聞いてくれない人がいます。それでは、「本当に大切にしてくれている」とは思えないのが当たり前です。

ここで一つ、夫婦間のありがちな会話例を見てみましょう。

ケース1

妻「今日、子どもが宿題をやりたがらなくて大変だったのよ」

夫（スマホを見ながら）**「ふーん」**

妻「ふーん……って子どものことに関心がないのね⁉」

夫（スマホから目を上げて）**「そんなことないよ」**

妻「毎日、やりたくないが続いて、もう大変……」

夫「勉強が苦手なら塾にでも行かせるか」

妻「そんなこと言うけど、塾に行かせるのは誰の役目よ。私だって、忙しいのよ！」

アドバイスしたのにキレられた理由は？

ケース1では、夫は「勉強が苦手なら塾にでも行かせるか」と、妻が大変だとこぼすことへの改善策としてアドバイスを行っています。ところが、妻からキレられてしまいました。

夫としては、何か解決策を示せれば、とよかれと思って提案したのになぜでしょう？

話を聞いてもらっている側からしてみれば、アドバイスされるのは多くの場合、余計なお世話です。話を聞いてすぐにアドバイスされると、されたほうが「私の話、聞く気ないんだ。面倒くさいんだ」と感じてしまいます。また、「上から目線でものを言われた」「マウントされた」と感じることもあります。

「そのアドバイスを実行しないうちは、不十分だと言われた」

そんな気持ちになってしまうのです。

ケース1の改善例

妻「今日、子どもが宿題をやりたがらなくて大変だったのよ」

夫（妻のほうに視線を向けて）**「それは大変だったたね」**

妻「そうなのよ。毎日、やりたくないが続いて……」

夫「そっか……毎日か……。それは大変だ。いつも子どもの勉強を見てくれて、ありがとう」

妻「ううん」

夫「僕も今度早めに帰って、宿題を見るようにしてみるよ」

妻が訴えているのは、「子どもが宿題をやらない」という事実だけではありません。いやがっている子どもと向きあうつらさ、大変さをわかってもらいたくて、「大変だった」と訴えているのです。まずは妻の気持ちを受け止めて、いたわり、ねぎらいの一言を添えることが先決です。とはいえ、何か特別なことを言う必要はありません。

「そうか」「それは大変だね」

この一言で十分なのです。

「大変だったね」と妻の気持ちに寄り添う一言、そして「ありがとう」と苦労をねぎらう一言があってこそ、妻には、

「この人は私の話に関心を抱いてくれている」

「私の気持ちをわかってくれている」

と感じます。**気持ちと気持ちのつながり（リレーション）**がつくられるのです。アドバイスをするとしても、その後です。

人は「自分のことをわかってくれる」と思える相手からでなければ、たとえよいアドバイスをもらったとしても、それを受け入れることなどできないでしょう。

夫に対する「不満ワースト1」を解消する方法

結婚している女性が、夫に対して一番不満に思っているワースト1は、**「夫が話をちゃんと聞いてくれない」**ということです（カウンセリングの場で、「夫にもっと話を聞いてほしい」「わかってほしい」という言葉を何度聞いてきたことか……）。

そこで私は、講演会でよく、次のような宿題を出すようにしています。

「1日5分でいいから、お互いに愚痴や弱音を聞きあいましょう」

例えば、一緒に夕食をとるときに、まずは妻から夫に、「一杯どうぞ」とビールでも注ぎながら「今日は大変なこと、なかった？」と聞きます。妻は「まあ、そんなことがあったの。それは大変ねぇ」と、うなずきながら聞くようにします。

5分経ったら交替して、今度は5分、妻が夫に愚痴や弱音を聞いてもらいます。

「私は今日、会社の上司にこんな言い方をされて、頭にきちゃった」

「PTAでこんなことがあってね、陰口が飛び交ってて、もうドロドロ……」

「それはつらかったねぇ」

こんなふうに一方的ではなく、**夫婦でお互いに弱音や愚痴を聞きあう習慣をつくること。**これが、夫婦でわかりあえる関係をつくるための第一歩です。

私のもとには、夫婦関係の改善のためのカウンセリングに来られる方もいます。例えば、こんな相談です。

「夫と話していると、ついついケンカになってしまうんです。そうするつもりはないのに……。このままでは離婚しなくてはならなくなってしまいます。子どももいるので、できればそれは避けたいのですが……」

ケース2

夫「車の査定に行ってきたけど、もう売るって決めてきたよ」
妻「えっ、そういうの、勝手に決めるのはやめてほしい！」

夫「だって、もともと僕が独身時代に自分のお金で買った車だよ」
妻「普通、そういう大切な話はいったん持ち帰って、夫婦で話しあって決めるものなんじゃない？ 自分ひとりで決めるなんておかしいでしょ」
夫「〝普通〟って何だよ。それは違うだろう。僕の車なんだから、いくらで売ろうと勝手じゃないの⁉」
妻「普通、大きなことは夫婦で話しあって決めるべきでしょ！」

ケース2の改善例

夫「車の査定に行ってきたけど、もう売るって決めてきたよ」
妻「……え……もう決めてきたの……ビックリ……」
夫「思ったよりいい値段がついたよ」
妻「そうなの……まあ、あの車、もともとはあなたのものだから……。ただ、私にも愛着があるから、一回相談してから決めてほしかったな。ちょっとビックリしたし、ひとりで決められちゃって、少しさみしかったな」
夫「そうか、悪かったね。一言相談しておけばよかったね……」

攻撃するより「気持ち」を素直に打ち明ける

ケース2では、妻は「普通、大きなことは夫婦で話しあって決めるべき」と、「〝普通〟はこうする」という一般論を自分の「意見」として述べています。

妻が「意見」を語っていると、受ける側の夫は、なんだか非難されている気持ちになるし、それに対する自分の賛否や「意見」（「それは違うだろう。僕の車なんだから……」）を語らなくてはならない気持ちになってしまいます。

「普通は……」と夫に自分の「意見」を言って責める前に、「**ちょっとビックリした**」と**いう「気持ち」や、（自分に相談するプロセスを省かれて）「少しさみしかった」と自分の「気持ち」を素直に伝える**ようにしましょう。そのほうが相手もずっと受け取りやすくなります。

このように、自分の気持ちをそのまま言葉にするほうが、相手にはずっと伝わりやすくなります。「気持ちを受け止めればいいんだな」という構えがとりやすくなるからです（**わかってもらう側の大原則8 意見や推論でなく、「自分の気持ち」を話す**：79ページ）。

また、この会話では「普通」という価値観をきっかけに、売り言葉に買い言葉で攻撃が始まっています。夫婦関係に限らず人間関係では、一方が攻撃を始めると、他方も攻撃をして応戦するパターンに陥りがちです。攻撃されてイラッとしたら、その場から物理的に離れる（**聞く側の大原則7 イラッとしたら、その場から離れる**：41ページ）ことをおすすめします。

第2章の親子関係で、ケンカに発展することが目に見えている「**攻撃に攻撃で返す**」**という会話例**（134ページ）を紹介しますので、夫婦の関係でも参考にしてみてください。

ケンカの原因を探っても問題は解決しない

ついついケンカになるという夫婦に対し、私が使う方法は、「**ソリューション・フォーカスト・アプローチ**（SFA）」と言われる方法です（「解決志向アプローチ」などと訳されます）。

私たちは一般に、夫婦ゲンカの相談を受けると、その「原因」を探ろうとします。

「いったい、いつからそんなふうになってしまったのでしょう？」

「何が原因でそうなってしまったのですか？」

それは「**問題の原因を突き止め、それを除去すれば、問題は解決するはずだ**」と考えるからです。

しかし、実際にはどうでしょう。

問題の「原因」（例：夫が内緒で大事なこともひとりで決める）を突き止めて、それを解決しようとして、うまくいくことがあるでしょうか。

多くの場合、言われたほうは「責められている」と考えて、関係がさらに悪化するだけではないでしょうか。**「原因探し」は「犯人探し」につながります。**そして「犯人」に仕**立てられた側は、「責められている」と感じて、意固地になってしまいます。責められるのを回避して口を閉ざすか、言いあい**になってしまいがちです。

原因より、「例外的にうまくいっているとき」を探る

ソリューション・フォーカスト・アプローチでは、原因を探すとますます問題に絡めとられてしまうため、**「問題の原因探しをするのは、解決を遠ざけてしまう」**と考えます。

では、どうするのかというと、このアプローチでは「例外的にうまくいっているとき」を見つけるための質問をします。

妻「やめようやめようと思っていても、夫とはついケンカになってしまうんです。性格の不一致っていうんでしょうか。毎日のように言いあいになってしまいます」

カウンセラー「そうですか。ところで最近、例外的にご主人とケンカをしなかった日はありますか？」

妻「だいたい毎日ケンカしてますけど……先週の木曜日は、めずらしくケンカしなかったかも」

カウンセラー「その日の朝の様子を具体的に教えていただけますか」

妻「朝、夫は新聞を読んでいます。私がトーストを焼いて、それを夫が食べて、『このトースト、おいしいね』ってニコッと笑って言ってくれました。私は『うん』と言って、テレビをつけて、『○○さんのこの話、おもしろい』と、二人で目を合わせて笑いました」

カウンセラー「その中で、明日の朝、できそうなことは何がありますか？」

妻「テレビを見て、『この人の話、おもしろいね』って、夫のほうを見てほほ笑むことでしょうか。これなら明日もできると思います」

カウンセラー「ぜひトライしてみましょう！」

「最近、例外的に夫とうまくいっていたのは、いつでしょう？　どんなことをしていましたか？」

「その中で、明日もできることには、どんなことがあるでしょうか？」

このように聞くのが、「例外探し」の方法です。

しかし、例外がうまく見つからないときには、

「もし明日の朝、起きてみると奇跡がそこには起きていて……二人の関係が、劇的に改善しているとしましょう。二人の間には、もう、愛とハッピーしかありません。朝起きたら、どんなことをしていますか？」

このようにたずねることもあります。「**ミラクル・クエスチョン**」という方法です。

ソリューション・フォーカスト・アプローチの特徴は、

①原因探し、犯人探しをやめる

②「例外的にうまくいっているときのイメージ」「解決できたときのイメージ」を具体的に描いて語ってもらうことから、実行可能なことを見つけていくということにあります。夫婦間で言いあいなどのトラブルが絶えない、不満が募ってしまう、という人は、ぜひお試しください。

信頼しあえる夫婦に再生する「インタラクティブ・リスニング」

「夫婦間の関係の改善」のカウンセリングも、私の得意分野の一つです。私が夫婦間の人間関係の改善に取り組むときに、成果を上げている方法について紹介します。「**インタラクティブ・リスニング**」という手法です。インタラクティブとは「相互の」「双方向の」という意味で、インタラクティブ・リスニングとは、お互いに共感的に傾聴することを学んでいく方法です。

実際のカウンセリングでは、次のように行います。

1回目の面接では――

①面接を申し込んでくださった方、多くの場合、妻の話を私が共感的に傾聴します。この間、約10分。夫のほうは私と一緒にカウンセラーになったつもりで、妻の話をとなりでただ聞いていきます。夫は、途中で反論したくなっても一切、口をはさんではいけません。

②10分たったら交替して、今度は、私が夫の話を共感的に聞いていきます。これも約10分。妻のほうも、同様に夫の話をとなりでただ聞いていきます。一切、口をはさんではいけません。

③もう1回、私が妻の話を10分傾聴します。

④もう1回、私が夫の話を10分傾聴します。

⑤最後に「いかがでしたか？」と私がたずねて、一言ずつ感想を言ってもらいます。

1回目の面接では、私が「聞き役」のお手本を見せるのです。

2回目の面接では――まず私が「前回の私の役割を、今度は、お二人でお互いにやってください。うまくできなくてかまいません」と説明します。その際に、大事なこととして次の3点を伝えます。

・「相手を理解するためのこと」以外は一切言わないこと

・途中で反論したくなってもしないこと。相手の話を聞いて「○○という気持ちなんですね」と確かめること

・話す側の人は、聞く側の人の理解が間違っていたら修正してもらって、相手が正しい理解に至るまで修正し続けること

①まず夫が妻の話を10分、ただ聞いていきます。一切、反論はしません。してほしいのは「確認のための質問」のみです。

②10分経ったら、役割を交替します。
③これをもう1回繰り返します。

最後に、**お互いに「これだけは守ってほしい」という具体的なお願いを一つずつ**挙げてもらいます。実行可能、確認可能な具体的なものに絞ります。「親切にしてほしい」「やさしくしてほしい」といった抽象的なものはNGです。確かめようがないからです。

例えば――

妻「1日に1回でいいから、ありがとう、と言ってほしい」
夫「1日に1回でいいから、いいところをほめてほしい」

相手にしてほしい「具体的な行動」を一つずつ挙げてお願いします。
毎晩寝る前に、この約束をお互いが守れたかどうか、確認しあいます。

3回目の面接では――前回と順番を逆にします。まず夫の話を妻が共感的に傾聴し、10分経ったら交替。これを2回行います。

その上で「お互いにこれだけは守ってほしい」という具体的なお願いをさらに一つずつ

毎晩寝る前に、約束が守れたかを確認しあう

約束は、お互いに「これだけは守ってほしい」「これならできる」という具体的なお願いにします

増やします。

妻「バカなんじゃないの、と言うのは、やめてほしい」

夫「1日に1回でいいから、かっこいい、と言ってほしい」

これで約束が二つになります。毎日寝る前に、二つの約束を守れたかどうか、確認しあいます。

ケースによって回数はさまざまですが、これを2~4回ほど繰り返していきます。すると、夫婦間の関係に、かなりの改善効果があります。毎晩すでにした約束を守れたことを確認しあうことで、「この人は、約束したことをきちんと守ってくれる人だ」という信頼感が醸成されていくのが大きいと思います。

信頼しあえる夫婦に再生していきます。できれば家庭でもお試しください。

コラム3

ロジャーズが唱えた「結婚革命」とは？

米国の臨床心理学者のカール・ロジャーズは、カウンセリングの神様と称されることもある現代カウンセリングの祖です。

なかでも、アドバイスを主とする「指導」をやめて、傾聴を中心とするカウンセリングを打ち立てた功績はとても大きいでしょう。

さらに、ロジャーズは、その受容や共感による「傾聴」を、カウンセラーとクライエントの間だけではなく、夫婦、親子、上司と部下、教師と生徒といった一般の人間関係で行うことに大きな意味があると考え、それを多くの人にうながしてきました。

お互いに「傾聴」しあう関係をつくることで、夫婦関係も生き生きとしたものに生まれ変わる。親子関係も劇的に変わる。上司が部下の話を「聞く」ことで、会社の在り方そのものが変わる。教師が生徒の話を「聞く」ことで、学校教育も劇的に変わっていく。これは事実です。

いわば「傾聴による社会革命」をロジャーズは起こそうとしたのです。

ロジャーズが「静かなる革命家」と呼ばれるゆえんです。晩年には、人種間の紛争、国際間の紛争なども、このシンプルな「聞きあう関係」の樹立によって、取り組みました。ロジャーズは1987年のノーベル平和賞の候補にもノミネートされたことがあります（最終決定の前に逝去しました）。**敵対し対立しあうもの同士が、お互いをこころから「聞く」ことによって関係は変わっていきます。**国際平和運動にも、エンカウンターグループによって取り組んでいきました。

エンカウンターグループとは、数名から数十名が輪になって座り、ひとりの人が自分のことを語ったら、ほかのメンバーはそれを聞き、また自分の「内側からの反応」を伝えていくグループです。これは自己成長を目的とするもので、相互の「出会い」（encounter）がもたらされることから、「エンカウンター」と呼ばれます。

傾聴しあうことで、夫婦はお互いに成長する

ロジャーズは、エンカウンターグループによる「聴きあう関係」の樹立による社会革命の一環として、夫婦関係の改革にも取り組みました。夫婦関係の「改善」ではなく、「改革」です。よき夫婦関係について、ロジャーズは次の3点を提唱しています。

①結婚は固く動かない建物ではなく、流れる川である

「あなたのために私のすべてを捧げます」

「私たちは、死が二人を分かつまで、お互いの誓いを守ります」

ロジャーズは、このような献身や誓約が結婚を永続的にするという考えに疑いをはさみました。

それに代わって、**パートナーシップとは契約でなく、「継続するプロセス」であり、「二人が自分たちの関係のプロセスに深くかかわっていくこと」**が大事だというのです。

自分と相手とが、それぞれ個人として頑張る、というのではありません。二人の現在の関係が持つ変化の過程——この関係こそが二人の愛や生活を豊かにしている。そういう認識に立って、二人でその変化の過程に働きかけていくことが重要なのです。

②肯定的なものであろうと否定的なものであろうと、自分の内側で生まれてきたもっとも深い感情を、相手と語りあい、分かちあうこと

ロジャーズは、たとえそれが否定的な感情でも、相手を傷つけるおそれがある感情でも——例えば、相手のセックスに満足できない、といった感情であっても——自分の中の奥深い感情を相手と語りあい、分かちあっていくことが大切だと考えました。

自分の中の深い部分でこだわりのある感情を、肯定的なものであれ否定的なものであれ、パートナーに伝えていくこと。そしてそれに対するパートナーの反応を、いかなる非難であれ批判であれ、こころから傾聴し理解していくことが大切だというのです。

③相互に独立した二人の人間が、自分自身を発見し、それを認めあい、分かちあうこと

豊かなパートナーシップは、二人の人間がお互いの独立性を認め、尊重し、発展させるところに成立します。**それぞれが独立した「自分自身」になることによって、結婚そのものが充実していく**のです。

では、「自分自身」になる、とはどういうことでしょうか。ロジャーズは、次の5つの観点で説明しています。

1　自分自身の発見。自らの内面、奥深いところの感情に近づくこと。

2　自己受容。さまざまな経験によりもたらされる複雑多様な感情を、それが奇妙な感情であったり、社会的には非難される感情であったりしても、自分自身の一面として受け入れること。

3 「仮面」を脱ぐこと。男らしさや力強さといった仮面や偽り、自己防衛から離れていくこと。

4 「～すべき」「～が当たり前」といった社会通念から自由になること。社会通念よりも、自らの内側の気持ちの流れに従っていくこと。

5 二人がそれぞれ人間的に成長していくこと。それぞれが独自の道を行く「独立した自己」として成長し、その成長を認めあい、分かちあうことができるとき、結婚生活そのものも充実し成長していく。

「自分自身」になるためのこの5つの要素こそ、「お互いを制約しない豊かなパートナーシップ」を実現するための条件です（これらの要素が存在すれば、その結果、性生活もおのずと発展していくだろうとロジャーズは言います）。

そして、**豊かなパートナーシップを実現するための手法こそが、まさに「傾聴」**です。

「嫉妬」を乗り越える男女の関係は可能か

ロジャーズは、男女の間の最大の問題「嫉妬」を乗り越える関係は可能か、というテーマにも取り組みました。ロジャーズはこの問題に、「**衛星関係（サテライト・リレーションシップ）**」という過激な考えによって取り組もうとします。それは、「**パートナーのほかの異性との交流（セックスを含む）の喜びを、自分自身の喜びとしても感じることができるようになるなら、パートナーシップはより強固で永続的なものに育っていく**」という過激な考えです。

パートナーが、ほかの異性とセックスをしてそれを幸せだと感じているなら……一般には「不倫だ」「許せないことだ」と考えるでしょう。

しかし、ここですべきことは、「相手の過ちを赦《ゆる》そう」と考えることでも、「私に魅力がないから、ほかの人を好きになるんだ」などと卑屈になることでもない。そうではなく、パートナーがほかの異性と最高の愛の交流ができた喜びをともに喜び、分かちあおうと、ロジャーズは提唱しています。

「**そうか。君は、ほかの男性とそんな素晴らしい体験ができたのか。それはよかった。喜ばしいことだ**」と、ほかの異性に惹かれているという気持ちをパートナーと率直に語りあい、共有したほうがよい。場合によっては、実際にほかの異性と肉体関係を持ったとしても、その喜びをパートナーとの間で率直に分かちあったほうがよい、というのです。

新しい相手との間にはないよさが、自分とパートナーの間にあると信じて、率直に気持ちを語りあい、分かちあうことで、嫉妬を乗り越えることができるし、パートナーとの関係もさらに強固で永続的なものに育っていく、とロジャーズは言います。

このあたりは、性道徳の常識や嫉妬心にとらわれている方には、なかなか理解しがたいことかもしれません。ロジャーズを敬愛している人であっても、この点に関する考えは分かれるところかもしれませんね。

第2章　親子の会話のNG例と改善例

私のカウンセラーとしての初仕事は、ある地域の児童相談所が振り出しでした。その後はもう40年近くカウンセラーを行っており、多くの親御さんの相談を受けてきました。そんな経験から、思うことがあります。

カウンセリングに来られる親御さんの多くは、お子さんのことを思っています。お子さんのことを大切に思う「愛情」「気持ち」はあるのです。

しかし、「言い方」がわからない方が多い。そのために親子関係がねじれてしまうことが多いのです。

いくつかケースを紹介しながら、考えていきたいと思います。

ケース3

子「今度の担任の先生、いやだなあ」

父「なんでいやなんだ？　困ったことがあるなら、なんでも言ってみなさい」
子「だって、宿題が多いし、よく怒るから」
父「なんだ、そんなことぐらい。それはお前のわがままだろう。もっと頑張んなきゃ！」

ケース4

子「今日は学校に行きたくないなあ」
母「なんで行きたくないの？　お母さんにはなんでも話していいのよ」
子「〇〇くんとケンカしちゃってさ。仲直りできるかな……」
母「そんなことぐらい。自分で考えなさい！」

「なんでも話していいのよ」

親のこの言葉を信じて、子どもが自分の気持ちを素直に言葉にして話すと、即座に「それはお前のわがままだ！」「もっと頑張んなきゃ！」「自分で考えなさい！」などと否定されてしまう。これでは、子どもはどうしたらいいかわからなくなってしまいます。親の言葉を信じてもろくなことはない、と不信感が募って、こころを閉ざしてしまいます。

「なんでも話していいのよ」（＝**私はあなたを受け止めるよ**）

「お前のわがままだろう」（＝**あなたが悪い！**）

矛盾したメッセージを親から同時に送られ続けると、子どものこころは混乱してしまいます。こうした「矛盾したメッセージ」の中にいつも置かれると、「ダブルバインド」と呼ばれる状態に陥り、精神の病を発症してしまうことにもつながりかねません。

子どものこころを受け止めた会話例

ケース3の改善例

子「今度の担任の先生、いやだなあ」

父「そうか、いやか……。そう思っちゃうことが何かあったのかな？」

子「だって、宿題が多いし、よく怒るからいやなんだ」

父「それは大変だな。そんなに宿題が多いのか。お前もつらいなあ」

ケース4の改善例

子「今日は学校に行きたくないなあ」

母「そっか。行きたくない……。そう思うことが何かあったのね」
子「〇〇くんとケンカしちゃってさ。仲直りできるかな……」
母「そっか。〇〇くんと仲がよかったものね。うまく仲直りできるかどうか、自信なくて、学校に行くの、やだなあって思っちゃうのね……」

こんなふうに、子どもの気持ちを「ただそのまま受け止める」だけでいいのです。

- **聞く側の大原則2「でもね」「そうは言ってもね」を言わない**（23ページ）
- **聞く側の大原則3 アドバイスはしない**（28ページ）
- **聞く側の大原則4 軽い一言で十分「そうか」「それは大変だね」**（30ページ）
- **聞く側の大原則5「余計な一言」を言わない**（33ページ）

第1部でお話ししたこれらの大原則を思い出してください。さらには、その話で相手が言おうとしている「つらい」「さびしい」といった、その人の「気持ち」を表す言葉をピックアップして、「〇〇な気持ちなんだね」と伝えてもよいでしょう。

- **聞く側の大原則15 相手の「気持ちを表す言葉」をゆっくり繰り返す**（70ページ）

このように、子どもの気持ちにピタッとくる一言を推測して添えることができると、子どもは「お父さん、お母さんは、僕（私）の気持ちをわかってくれようとしている！」と思って、もっと気持ちを語り出すかもしれません。時には、

「もうつらいよ」

「私なんかいないほうがいいのかもしれない」

「死んでしまいたい」

などという重い言葉を子どもが語り始めるかもしれません。その際にもせっかく話してくれたその気持ちをそのまましっかり受け止めましょう。

「そうなんだ……」

親としては、そのまま絶句してしまうかもしれません。ショックのあまり、何も言葉が出てこないかもしれません。

それでよいのです。すると、**子どもは、自分の言葉を親が重く受け止めてくれたと感じるでしょう。**

「そんなこと言わないで。頑張ろう！」などと励ましたりしないでください。こんなふうに励まされると、子どもは、親が自分の気持ちから「逃げたな」「逸らしたな」「ごまかし

たくなったな」と感じます。そのため、こころを閉ざし始めます。二度と気持ちを語ってくれなくなるかもしれません。

子どもが悩みを言葉にしてくれるのは、とても素晴らしいことです。つらいことや苦しいことを親に言えるのは、「この親にならわかってもらえる！」という安心感・信頼感があるからです。親子の間に信頼関係が築かれている証拠です。その信頼に応えるには、**子どもの気持ちを逸らしたり、ごまかしたりせず、しっかりとそのまま受け止めること**です。

学校に行きたくないという子どもとの会話例

ケース5

子「お母さん……。私、もう学校に行きたくない」

母「えっ、なんで、行きたくないの⁉」

子「私、学校で仲間外れにされてるんだ……」

母「え――‼　いじめられてるってこと⁉　なんでそんなことになったのよ！　許せない‼　担任の先生に言わないと！　お母さん、学校に行ってくる！」

子「え——!!」

ケース5の改善例

子「お母さん……。私、もう学校に行きたくない」

母「そうなの、行きたくないの……。何か学校でつらいことでもあったのかな」

子「私、学校で仲間外れにされてるんだ……」

母「（少し低めの声で、ゆっくりと穏やかなやさしい口調で）**そうか。それはつらいわね……。ありがとう。よく話してくれたね」**

子どもから「もう学校に行きたくない」「仲間外れにされてる」「いじめられている」などと打ち明けられると、親としてはうろたえたり不安になったりしがちです。ですが、親が「なんでそんなことになったのよ！」とオロオロしたり問いつめたりしてしまうと、子どもはますます不安になってしまいます。

せっかく勇気を出して相談したのに、その気持ちを受け止めてもらえず、大騒ぎされると、「二度と話すもんか！」とこころを閉ざしてしまいがちです。最悪のケースでは、親が知らないまま、いじめが原因で自殺、といったことにもなりかねません。

子どもから悩みを打ち明けられて、親である自分の気持ちが不安で波立ってしまったら、フーッと深呼吸でもして、気持ちを落ち着かせましょう。

・**聞く側の大原則9　穏やかな気持ちに自分を整えてから、聞く**（44ページ）

親自身が、穏やかな気持ちに自分を整えて、安定した構えで聞くことが大事です。そして、**子どもが勇気を出して打ち明けてくれたことをねぎらってほしい**のです。これが一番大事なことです。

・**聞く側の大原則18「大切な話をしてくれてありがとう」**（75ページ）

絶対に親が口にしてはいけない3つの言葉

子どもから「いじめを受けている」と告白をされたときに、親としては絶対に言ってはいけない3つの言葉があります。

「あなたにも悪いところがあるよね」

「あなたがもっと強くなればいいでしょ」

「そんなことくらい、気にしないようにしなさい」

これらの言葉は、つらく苦しい気持ちになっている子どもをますます追い詰めてしまいます。もう誰にも助けを求めることはできないと、絶望感でいっぱいになるでしょう。

特に、「あなたにも悪いところがある」と言われてしまうと、子どもは「私（僕）なんかいじめられてもしょうがないんだ……」という気持ちになります。「どんなにいじめを受けても仕方のない存在なんだ」と自己否定感が強まってしまいます。

いじめを受けた子どもにかけてほしい言葉

「実は、私、学校でいじめにあっているの……」

子どもからこんな告白を受けたときには、子どものつらさに寄り添いながら、大事な話をしてくれたことをねぎらってほしいのです。

「つらかったね……。よく頑張ってきたね。話してくれてありがとう」

それだけ言って、あとは子どもの語る言葉に静かに耳を傾けましょう。なかには語りながら泣き出してしまう子もいるかもしれません。そのときには、

「思いきり泣いてもいいんだよ。お母さん（お父さん）も一緒に泣きたいくらいだよ」

と、とことん子どもの気持ちに寄り添ってあげてください。

人間は、つらいときにはつらいと打ち明けて、悲しいときには十分に悲しむことが大切です。子どもがつらいときには、親子でそのつらさを分かちあいましょう。「弱音を吐いてもいいんだよ」と伝えた上で、

「お母さん（お父さん）は、絶対にあなたの味方だからね。あなたは悪くないんだから。いじめは、いじめをしたほうが悪いんだよ」

そうきっぱり言いきって、子どものこころを守ることに全力を注ぎましょう。

「攻撃に攻撃で返す」という会話の悪循環

言葉一つで、相手をいたわることも救うこともできるものです。その半面、言葉は武器にもなります。

言い方を間違えることで、人間関係をねじれさせてしまい、その「ねじれた関係」が固定化されてしまうこともあります。典型的なケースは「攻撃に攻撃で返す」例です。

次のケースは、塾の宿題を隠していた中学生の息子と、それに腹を立てた母親との会話の例です。

ケース6

母「なんで、そんなことするのよ。バカじゃないのまったく！」
子「……バカはお前だろ」
母「あんたなんか産むんじゃなかった……」
子「オレのほうこそ、あんたの子どもになんか、なりたくなかったよ。クソババア！」
母「なによこのクソガキ。だったら出て行きなさい！」

このように、「攻撃に攻撃で返す」というのは、親子関係や夫婦関係でやってしまいがちなNGパターンです。

私はスクールカウンセラーをやっていますが、中学生の子どもが親に悪態をついて、その親から「頭にきて、イライラして、仕方ないんですけど……」と相談を受けることがあります。「クソジジイ、クソババア」と子どもから言われたときに、親が「なんだこのクソガキ、だったら出て行け！」と応戦して、本当にお子さんが家出をしてしまうケースは少なくありません。

攻撃に攻撃で返すと悪循環が固定化してしまいます。これは考えればすぐにわかることです。しかし渦中にいる本人たちは、カーッとなってしまっているので気づかないのです。読者のみなさんであれば、「攻撃に攻撃で返す」ことの愚かさが簡単に見えてくるのではないでしょうか。

ケース6の改善例

母「なんで、そんなことするのよ。バカじゃないのまったく！」

子「……バカで悪かったな……」

母「(自分のイライラした気持ちが止まらなくなっていることに気づいて)**ごめんね！　お母さんが言い過ぎたわ。お母さん、今日なんかちょっとイライラしちゃってて……。あなたはバカなんかじゃないからね」**

このように、親のほうが「一歩引いて」「大人」になって、悪循環から身を退けることが大切です。

攻撃に攻撃で返すという最悪のパターンが続くと、「あんたなんか産むんじゃなかった」「こっちだって、あんたの子どもになんか、なりたくなかったよ」と、こころにもない言葉のやり取りがエスカレートしがちです。最悪の場合、5年、10年、20年と親子の関係が断絶することにもなりかねません。

こうした最悪のケースを避けるための最大のポイントは、「**イラッとしたら、話をしない。その場から離れて、いなくなる**」ことです。

「これはやりあってもいいことは起こらない」こう思ったら、その場から離れて、いなくなるのです。最低2時間は距離をとります（聞く側の大原則8：41ページ）。2時間も経つと、お互い、冷静になってくるものです。どちらからともなく、「さっきはごめんね……」と話ができることが多くなります。

大切なのは、イライラ、カリカリしたまま、相手と話し続けないこと。この大原則を守ってください。

もしもこじれまくって、ものすごい罵《のの》りあいをしたあとであれば、**最低2カ月は距離を置いたほうがいい**と思います。それくらいしないと、親子関係の修復というのは難しいものだと肝に銘じておいてください。

コラム4

「不機嫌」で人をコントロールする人への対処法

世の中には、「いつも不機嫌でいる」ことで、他者をコントロールしようとする人がいます。かつては男性に多かったのが、今は女性にこうした人が増えています。

いつも不機嫌で黙り込んでしまう母親。

いつも不機嫌で黙り込んでしまう妻。

そして不機嫌になりながら、一言「あなたのことなんか知らない」と子どもや夫に言い放つのです。

すると、子どもや夫はなんとか母親（妻）の機嫌をよくしようとして、振り回されます。母親（妻）の不機嫌さによって、子ども（夫）がコントロールされているのです。これはたちが悪い行為です。

子どもや夫がちょっと自分の意にそぐわないことを言うと、不機嫌になって黙り込む。視線も合わさない。すると、子ども（夫）は、いつも親（妻）のご機嫌とりをしなくてはなりません。いつも親（妻）の気持ちばかりをおもんぱかって、「今は機嫌いいのかな」

「私、何か悪いことしてないかな」などと推測ばかりしている。これでは、その子は子どもらしい子ども時代を過ごせなくなります。

相手の機嫌をとることが習慣になってしまう

親が不機嫌になって黙り込むというパターンをずっと続けていると、子どもは親の不機嫌に怯えながら、生活せざるを得なくなります。そして自分を抑えて親の機嫌をとり続けることになります。

すると、いつも周囲の機嫌をうかがうことが当たり前になり、習慣化されます。次第に、相手が親でなくとも、上司でも友達でも恋人でも、いつもまわりの機嫌ばかりをとってしまう。まわりの機嫌ばかりを気にして、相手の機嫌が悪くならないように、絶えず気を遣ってしまう人間になってしまいます。結果、まわりの人間ばかりを気にして、「自分」というものがない人間になってしまうのです。

それどころか、**相手が不機嫌な人でないと、うまくつきあえなくなってしまうこともあります。**例えば恋人をつくるときも、いつも不機嫌な異性を選んでしまうのです。しかし、それでは、誰も幸福になることができません。

その人の不機嫌はその人のせい

もしもあなたが大人で、妻（夫）や恋人、友人が「自分の不機嫌さ」で相手をコントロールしようとする人であるとしましょう。そのような人にはどのように対処すればいいのでしょうか？　これは簡単です。**ほうっておくのが一番**です。

「あなたが不機嫌であるのは、あなた自身の責任です。私の責任ではありません。私がなんとかしようとしなくてはいけないことではありません」

このように自分に言い聞かせて、「**つい、相手の機嫌をとってしまう**」**のをやめる**ことです。

ただし、子ども時代に、親のことをほうっておくのは無理です。いつも不機嫌で無言のうちに子どもを自分に従わせようとする「専制君主」のような親。そんな親によって人生をねじ曲げられてしまう人は少なくありません。

「**不機嫌さで人をコントロールしようとする人**」**に出会ったら、近寄らない**ようにしましょう。ましてや、**相手の機嫌をとるのは、絶対にやめましょう。**

誰も自分の機嫌とりをしなくなったら、不機嫌な人も楽しくないので、変わらざるを得なくなります。逆をいえば、周囲の人がその人の機嫌とりをするから、その人はいつまでも不機嫌でいられるのです。そうなると、お互いに共依存の関係です。

私には私の人生がある。あなたにはあなたの人生がある。親には親の人生がある。子どもには子どもの人生がある――みんな、自分の人生の主人公です。

親子であっても独立した一個の人間としてリスペクトしあえるような、そういった関係を築いていくように努めましょう。

第3章　上司と部下の会話のNG例と改善例

上司が部下の気持ちをていねいに聞く「1on1《ワンオンワン》ミーティング」が多くの企業で浸透しつつあります。

ポイントは、部下の「気持ち」をていねいに聞くこと。話の内容だけではなく、その思いも汲み取って聞くことです。

もしもあなたが上司の立場であれば、「なんだそんなことか。ていねいに聞くなんてできている」「部下の話を聞けない上司なんて避けられるだけだしな」と思った人もいるかもしれません。

けれども、「気持ちを聞く」というのは、私たちが思っている以上にはるかに難しいことです。自分では聞いているつもりでも、ただ向かいあって「うんうん」とうなずいているだけで本当には聞けていないことがしばしばあります。部下のほうは「聞いてもらっていない」「わかってもらえていない」という不全感を募らせてしまいます。

ケース7

部下「取引先の〇〇さんにモヤッとしちゃって」

上司「なんだか最近、グチが多いね。どうしたの？」

部下「言われたとおりの条件で企画書を出したんです。でも条件じたいに間違いがあって。なのに、しれっと作り直しだって言ってきて……」

上司「でも、自分では確認しなかったの？　そうやって人のせいにばかりしていたら成長しないよ。私だったら確認するけどね」

部下（こころの声）**「ああ、この上司にグチをこぼさなければよかった」**

このように、部下の話を聞くつもりが、結局は、指導や叱責を始めてしまう上司が少なくないのです。大切なのは、聞く側の大原則を思い出して、「でも」の一言を言わないことです。

・聞く側の大原則2「でもね」「そうは言ってもね」を言わない（23ページ）

ケース7の改善例

部下「取引先の○○さんにモヤッとしちゃって」

上司「○○さんにイライラしているの、どうしたの？」

部下「言われたとおりの条件で企画書を出したんです。でも条件じたいに間違いがあって。なのに、しれっと作り直しだって言ってきて……」

上司「そうか……。それは大変だね。イライラしちゃうね」

部下（こころの声）**「ああ、わかってもらえた！」**

「1on1」を始める4つのテクニック

上司と部下が「1on1」（1対1）で話す機会があったところで、上司にマインドがなければ単なる説教タイムになりがちです。

しかし、「心持ちを変えたい」と思っても、そうやすやすと変われるものではありません。上司は何も最初から「マインド」を持つ必要はないのです。まずは「形」から入ってください。

次の「4つのテクニック」を形だけ行うことからスタートしましょう。

①説教したいのをグッと飲み込む
②「あなたはどうしたいのかな」とたずねる
③1分間、「なるほど」「うん、うん……」とうなずきながら黙って聞く。それ以外は言わない
④最後に「あなたなら、きっとできると思う」と信頼と期待を伝える

1日に1回、この4つを繰り返すだけで、部下と上司の関係は必ず改善していきます。

極論をいえば、部下の気持ちが本当にわかったかどうかは、どうでもいいのです。**企業の文化が本当に変わるために必要なのは、信頼と期待**です。「本当に理解しあう関係」を求めてしまうのは「求めすぎ」。すると、どんな上司と部下もうまくいかなくなります。あるいは、どんな夫婦でも親子でもそうです。人は話せば話すほど、お互いに「わかりあえない」ことがわかるからです。

実は、**理解しあうよりも重要なのは、「相手のことがよくわからなくても、信頼し、期待すること」**です。「あなたなら、きっとできると思うよ」と伝えることです。

相手に説教したくなっても、グッと我慢し、「あなたはどうしたいの？」と聞きます。

1分間は黙ってうなずきながら聞き続けます。そのうえで、「そうか、わかった」「あなたなら、きっとできると思う」と信頼と期待のメッセージを伝えましょう。

この繰り返しが、上司と部下でも、夫婦でも、親子でも、一番大事なことなのです。

まずは、先の「4つのテクニック」を試してみましょう。形から入り、継続していければ、マインドはあとからついてくるものです。

次に、「4つのテクニック」を使った会話例を紹介しましょう。

ケース8

上司「○○さん、あの資料、できた？　もう提出期限が過ぎてるんだよね」

部下「すみません。まだなんです」

上司「どうして出せないの？　みんな出してるよ」

部下「私って自分が納得しないと提出したくない人なんです。だって、納得できないものを出したって意味がないじゃないですか」

上司「でも、それってわがままじゃない？　ほかの人はみんな提出期限を守ってるんだからさぁ」

ケース8の改善例

上司「○○さん、あの資料、できた？ もう提出期限が過ぎてるんだよね」
部下「すみません。まだなんです」
上司「まだなのか……それで、○○さんは、どうしたいの？」
部下「あの、自分が納得した段階で提出したいなと思っていまして……あと2時間いただけませんか？」
上司「そうか、わかった。延期した分、いいものができると期待しているよ。○○さんならできると思うよ」

本当に仕事ができる人間は2割だけ

くわしい説明やフォローがなくても仕事を完遂できる社員には、ついつい仕事を丸投げしていることがあるものです。上司の立場からしたら、仕事ができると信頼しているからこそなのかもしれません。けれども、部下からしてみたら、「この上司にはねぎらいが足りない」「雑に扱われている」といった気持ちになることがあります。

よく「仕事は、仕事ができる人のところに集まってくる」と言われます。また、企業で

「本当に仕事ができる人間は2割だけ」という説があります。「残りの8割は、誰でもできる仕事をしながら、上位2割の人のおかげでメシを食っている」というのです。私は、これは真実だと思います。

大学教授の世界もそうです。意欲的にバリバリと論文や著作を発表し続ける、本当にできる大学教授は全体の2割いるかどうかです。それ以外の8割は、無難な態度で仕事をしながら、そこそこの給料をもらっているように思います（上位2割の活躍があるからこそ、大学教授の世間的なイメージやメンツが保たれているのです）。

企業も「上位2割」の人の活躍があるからこそ、会社の利益が保たれているといえるでしょう。その仕事ぶりは、物的な作業だけではありません。上位2割の人にしかできないことをやり、その人にしか考えつかないユニークなアイデアを出して、その企業をけん引しているのです。

話を聞くべき相手は「上位2割」の社員

しかし、本当に仕事ができる2割の人に依存している企業体質が続くのならば、上位2割の人は、転職や独立などして社外に出ていってしまうかもしれません。次第に「やってられない」という気持ちになるからです。

「上位2割」の人にその企業にとどまってほしいのであれば、上司はその人たちにとどまってもらえる環境を用意すべきです。

実は、上司が話を聞くべきなのは、この「上位2割の優秀な人たち」なのです。この人たちが、

「上司に話をちゃんと聞いてもらえている」

「自分がどんな気持ちで、日々の仕事に取り組んでいるかをわかってもらっている」

「自分に責任のある仕事を任されるのは、上司に信頼され、期待をかけられているからだ」

このような思いで、日々仕事に取り組むことができていれば、退職せずにすむでしょう。

企業にとっての大きな痛手は、優秀な人材が流出してしまうことです。それは、社外への転出だけにとどまりません。あまりの多忙や精神的なストレスが重なると、バーンアウト（燃え尽き）してしまうことによって、うつになって、休職や退職に追い込まれてしまうリスクもあります。

ケース9

上司「今期を振り返って、自己評価はどうですか？」
部下「目標にしていたことは、おおむねできたと思います」
上司「でも、AとBの案件は予定通りにできたけど、案件Cは着手できてないよね」
部下「はい。実は、案件Cにはまだ手をつけられていません。すみません」
上司「じゃあ、次の課題はCだね。もっと頑張ってよ」
部下（こころの声）「急な対応のDの案件をやらされたのだから仕方ないじゃないか」

ケース9の改善例

上司「今期を振り返って、自己評価はどうですか？」
部下「目標にしていたことは、おおむねできたと思います」
上司「そうですね。AとBの案件は順調ですね。Cの案件はどうなりますか？」
部下「急いで対応する必要のあるDの案件が終わったら、着手したいと思います」
上司「そうでしたね。あなたは力があるから、急な対応が求められた案件Dをお願いしているのでしたね。今、それに全力で取り組んでおられるのですね。ありがとうござい

ます。では、まずDの案件、それが終わったらCの案件も期待していますね」

部下「はい。期待に応えられるよう努めます」

「上位2割」が燃え尽きてしまう会社には、将来も成長もありません。そうならないために、上司の立場にいる人ができること。それは、上位2割の社員の話を聞き、気持ちを受け止めること。その上で、信頼と期待の言葉かけをすることです。

コラム5

二人きりで話をすることが、ハラスメントになる⁉

職場でのいじめやいやがらせを指す「ハラスメント」という言葉が一般化しています。ハラスメントが認知されて久しいのですが、実は、自分の行為がハラスメントになるなどまったく思いも寄らないことも多々あります。ハラスメントの実際のケースの大半が、むしろ上司が**「部下のためを思って」**話を聞く場面で起きているのです。

私は、スクールカウンセラーをしており、教育現場にかかわる相談を受けることが多くあります。すると、次のような「二人きり」の場面でハラスメントと思わしきことが起きやすいのです。

例えば、小学校で校長と教頭が二人きりで話をしている。校長としては、「教頭の今後を思って」「教頭がよい校長になれるように」と、いろいろアドバイスをしているつもりです。しかし、つい熱が入りすぎて、場合によっては1時間も2時間も話をしてしまう。教頭は、ただ「はい、はい……」としか言えない。精神的に圧迫されて、ただ否定されたという思いしか残っていません。

また、若手教師に対してベテラン教師が「よかれ」と思って熱心に指導をしている。若手教師としては、ただ「つきあわされている」としか感じていない。そして1時間も経ったところで、「なんだ、くそババア！」とベテランの女性教師にブチ切れて、最悪の関係になってしまう。幼稚園では、園長と主任教諭の間に同様のことが起こりやすいでしょう。

密室は避けて、年長者の話は短く！

問題は、上の立場の人間が「**あなたのためを思って**」善意からかかわっていることが、下の立場の人間には、ハラスメントに感じられていることが、ものすごく多いということです。

「善意からかかわることで、相手を不快にしてしまうなら、どうしたらいいんだろう」と、戸惑いを感じる人も少なくないでしょう。

「それなら、もう若手とはかかわらないようにしよう」と思う人もいるでしょう。

実際、今、多くの職場で「30代半ばより若い世代」と「年長世代」との間に、絶望的にさえ思える「隔たり」のゼネレーションギャップが生じているようです。

ハラスメントと感じられる場面には、

①年長者が話している時間が長い

②そもそも、二人での話の時間が長い（30分以上）

③二人きりの密室

という共通点があります。

では、年長者が職場などで、若手と話す場合には、どうすればいいか？　この逆をすれば、よいのです。

①密室は避ける

②二人で話す時間は5分まで

③若手の側が話し、年長者が聞く時間を長くとる。年長者の話は短くする

④年長者は、最後に「さすが！」「あなたなら、できるよ！」と、相手を勇気づける言葉で会話を終える

これをやれば、まずハラスメントになることはありません。気楽に、若手に話しかけましょう。

第4章 友達・恋人の会話のNG例と改善例

現代カウンセリングの礎を築いたカール・ロジャーズは、クライエントによい変化が生じるときには、カウンセラーは「受容」「共感」「一致」という3つの態度を体現していることが多いことを示しました。そして、この3つの態度は、カウンセラーや心理療法家にのみ当てはまるものではなく、「夫婦、親子、友人、恋人、上司と部下、教師と生徒といった一般的な人間関係にも当てはまる」と考えました。

例えば、夫婦、友達同士、恋人同士の間に、

①お互いがお互いを尊重でき、
②それぞれが成長していくような関係を築くことができている

というときに、この3つの態度が体現されていることが多いことを示したのです。

この3つの態度を、夫婦、友達同士、恋人同士の関係に当てはまるように、ごく簡単に説明すると、次のようになるでしょう。

①受容……ほめもせず、ダメ出しもせず、ただそのままに受け止める
②共感……その人になったつもりで内側から理解する
③一致……自分自身の気持ちをていねいに率直に言葉にしていく

この3つについて、友達や恋人などの親しい人との会話を例にお話ししていきます。

受容とは、ただそのままを受け止めること

まず、「受容」から説明しましょう。これについて、多くの人は「肯定」と混同しがちです。

例えば、「私なんか全然ダメ」と言っている友達に対し、「そんなことないよ！」と励ますことは、よくあることでしょう。これが「肯定」です。

しかし、「そんなことない」「いいところあるよ」「ダメじゃないよ」と肯定されると、**結果的に、その人は「私なんか全然ダメ」と愚痴をこぼしたくなっている気持ちを否定されてしまいます。**

「へこんでばかりいる私は、やっぱりダメな人だ」「ウザイと思われるだけなんだ」と、さらなる自己否定の悪循環に陥ってしまいます。

こんなときに大切なのは、ほめもしないし、ダメ出しもしないことです。受容とは、相手の言おうとしていることをよい悪いで評価せず、ただ、「そのまま」受け止めていくことです。

ケース10

友達「私なんか全然ダメ。かわいくないし、気が利かないし、頭もよくないし……」

あなた「そんなこと、ないよ！ いいところがいっぱいあるって」

ケース10の改善例

友達「私なんか全然ダメ。かわいくないし、気が利かないし、頭もよくないし……」

あなた「そっか。今は自分なんか全然ダメ……自分には悪いところばかり……そんな気持ちになっちゃっているんだね」

ポイントは、相手の話す「内容」ではなく、「感情（気持ち）」でもなく、「**言おうとし**

ていること」をそのまま受け止めることです。受け止めてもらった人は、自分でも、自分のことをただそのまま受け止め、受け入れることができるようになっていきます。これを**「自己受容」**と言います。

もう一つのケースを紹介しましょう。恋人同士の会話例です。

ケース11

彼女「はぁ。上司に怒られて落ち込んでる……」

彼氏「なんで？」

彼女「今日締め切りって言われてた企画書をすっかり忘れてた。やっぱり私ってダメね」

彼氏「そっか。そういう大事な予定はちゃんとリマインダーを設定しておかないとダメだよ。僕なんて、締め切りは必ず予定表に入力してるよ」

彼女（こころの声）「そんなこと、言われなくてもわかっているのに、わざわざ言わなくても……」

ケース11の改善例

彼女「はぁ。上司に怒られて落ち込んでる……」
彼氏「そうか。落ち込んでるのか……」
彼女「今日締め切りって言われてた企画書をすっかり忘れてた。やっぱり私ってダメね」
彼氏「そっか。忘れてたか……そういうのはへこむよね……」

話を聞くと、人はつい「もっとこうしてみたら？」というアドバイスをしたくなってしまいます。しかし、**アドバイスは「ダメ出し」の一種**です。アドバイスされると、「今のあなたのままではダメですよ」と言われた気持ちになってしまうからです。ましてや「自分はこんなふうにしている」と、落ち込んでいる相手に自分の優位性を示す必要などありません。

共感的理解で、相手の視点から理解する

②の共感的理解というのは、相手が語ることを「その人自身になったかのようなつもりで、相手の内側の視点から」理解することです。

ロジャーズは、その人が内側に持っているものの見方、感じ方、考え方、価値観などの枠組み（フレーム）を「インターナル・フレーム・オブ・レファランス」と呼びました。

共感的理解では、相手がその内側に持っているこころのフレームに――その人がそれを通してこの世界を見て、この人生を生きている「こころのフレーム」に立って聞きます。

相手の「内側の視点」から、「**もし私がこの人で、この人と同じ価値観、感じ方、考え方をしているとするなら……どんなふうに感じるだろうか**」と考えて、その人自身になりきって、その人のこころの内側をありありと推測し、想像して、内側から理解しようとするのです。

ケース12

同僚A「明日は病院に寄ってから来るから、午前休を使うね」
同僚B「病院に行っているのに、まだ治らないの？」
同僚A「精密検査を受けたからその結果を聞きに……」
同僚B「そういえば顔色がよくないね」
同僚A「うん……」

同僚B「もっと前向きに考えようよ。暗くしていたら余計に体調が悪くなるよ！　辛気くさい顔してると、病気が寄ってくるよ。ポジティブになろうよ‼」
同僚A「……そうかな（体調が悪いときくらい、テンションが低いのを認めてほしいよ）」
同僚B「私ってさ、人が困っていると放っておけないタイプだから」

ケース12の改善例

同僚A「明日は病院に寄ってから来るから、午前休を使うね」
同僚B「病院に行っているのに、まだ治らないの？」
同僚A「精密検査を受けたからその結果を聞きに……」
同僚B「そういえば顔色がよくないね」
同僚A「うん……」
同僚B「体調が悪いと、どうしても気持ちも沈んじゃうよね。そういう感じかな？」
同僚A「そうねえ。気持ちが沈むまではいかないけど……たしかにテンションが上がらなくて」
同僚B「そっか……テンション上がらないか……」

このケースでは、同僚Bは「**体調が悪いと、どうしても気持ちも沈んじゃうよね。そういう感じかな？**」と確認しています。共感的理解で大切なのは、このような仕方で「あなたが感じているのは、○○ということでしょうか？」とたずねて、自分の理解を「確かめて」いくことです。そして、ずれていたら、その理解を修正してもらいます。

なお、誤解されがちなことですが、共感は同感とは違います（89ページ）。「そうですよね」というのは、日常会話の「同感」です。二人が「同じ気持ち」になっていることです。

傾聴に「同感」は必要ありません。相手から「そうですよね」「そう思わない？」などと言われると、言われた側は、相手と話を合わせることを無言のうちに強制されてしまうからです。

「共感」は、その逆で、相手の感じ方と自分の感じ方は、異なることを前提としています。自分とは異なる感じ方をしている異なる人の気持ちを「○○ということでしょうか？」と確かめながら理解していくのです。相手の内側の世界を、**あたかもその人自身になったかのような姿勢で感じ取り、微妙なニュアンスまでていねいに相手に伝え返してい**

くのです。このとき伝えたニュアンスが違っていたら、修正してもらう姿勢で聞いていきます。

自分の気持ちをていねいに率直に言葉にする

③の一致は、ある人との関係の中で、その人が「自分自身」でいることです。具体的には、ある人との関係の中で自分の中に生じてきた気持ちを

①自分自身で今、どんな気持ちが生じているかを確かめ、
②その気持ちをていねいに、
③率直に言葉にしていく

ということです。すると、相手にも素直に伝わりやすいのです。

次のケースは、恋人同士の会話例です。

ケース13

彼女「明日、遊びに行かない？」
彼氏「今日も残業。明日も仕事が忙しいし、疲れてるから、ごめん」

彼女「じゃあ、もう別の人と遊ぶからいい！」
彼氏「それがいいよ！」
彼女「えっ……そんなに喜ぶの？」

ケース13の改善例

彼女「明日、遊びに行かない？」
彼氏「今日も残業。明日も仕事が忙しいし、疲れてるから、ごめん」
彼女「そっか。さみしいけど、次のデートを楽しみにするね。じゃあお仕事、頑張ってね」
彼氏「ありがとう！　頑張るよ。次のデートでは、○○が行ってみたいって言っていたあそこに行こうか？」
彼女「うわあ、楽しみ！」

彼女が語る「じゃあ、もう別の人と遊ぶからいい！」というのは、自分の誘いを断られたことでカチンときてしまったことによる、いわば「売り言葉」です。この売り言葉に対して、彼氏の「それがいいよ！」は「買い言葉」のようなものです。こうした**売り言葉、買い言葉のやり取りをしていると、だんだん関係が悪化していってしまう**のは、当然のことです。

けれども、誘いを断られたとき、彼女のほうにあった感情は、本当は「さみしい」という気持ちであったはずです。彼女は、この「さみしい」という気持ちが、①**自分の中にあることを素直に認めて、**そして、②**ていねいに、**③**率直に言葉にして伝えるほうがいいの**です。そうしたほうが、彼氏にも素直にその気持ちが伝わりやすくなります。

第5章　教師と生徒・保護者の会話のＮＧ例と改善例

ここまで、会話という「言葉」を通じて、気持ちを伝える方法についてお話ししてきました。しかし、**子どもの場合は「表情」が「言葉」以上に気持ちを表している**ことがよくあります。

私は、もう20年以上スクールカウンセラーをしていますが、担任の先生に「気になるお子さんは、学校でどういう表情をしていますか？」と聞くことがあります。すると、「あの子は、表情が暗いですね。前髪を垂らして、うつむいてばかりいます。誰とも視線を合わしたくないみたいです」といった答えが返ってくることも少なくありません。

次に、教師と生徒（中学生）の会話例を紹介します。先生は、つい言ってしまいがちなＮＧな声かけをしています。

ケース14

教師「鈴木くん、最近、元気がないけど、何かあった？」
生徒「別に……」
教師「じゃあ、なんで最近、休みがちなの？　なんで来たくないの？　おもしろくないの？」
生徒「なんでって……」
教師「特に理由がないなら、学校には来たほうがいいんじゃないの？」
生徒「（うつむきながら）**はあ……」**
教師「もっと元気を出しなさい！　いったい、あなたはどうしてそうなの？」
生徒「（ますますうつむく）**……」**

暗い・うつむいてばかり・視線を合わせないという子どもの場合、カウンセラーとしては「うつ」を疑います（中学生でも、うつ病とまではいかなくても、その手前の「うつ状態」は少なくありません）。

うつになるのは、まじめなタイプの子に多いのです。そういうタイプの子に「もっと元気を出しなさい！」はNGです。元気を出したいと思っても出せずに、こころが押しつぶされてしまっているのですから。

それなのに「もっと元気を出しなさい」と言われてしまうと……子どもは「僕は弱いダメな子なんだ」と自己否定の気持ちにとらわれてしまうだけです。

「なんで？」は相手を責めてしまう質問

この先生は、鈴木くんが休みがちな理由を聞き出そうとしています。しかし、鈴木くんはほとんど黙ったまま、あまり話してくれません。特に、鈴木くんのように思春期の子は、「別に」「それで」「特にない」「わからない」としか言ってくれないことがよくあります。大人はこうした言葉を聞いて、この子は「こころを閉ざしている」と考えがちですが、そうではありません。思春期の子どもは、自分でも自分のことがわかっていません。「わからない」という言葉は、本音なのです。

この先生は、鈴木くんと会話をしたくて、質問を投げかけていますが、「なんで学校休むの？」と言われると、鈴木くんは自分が責められたように感じてしまいます。「なんで最近、休みがちなの？」という質問には、「ちゃんと休まずに学校に来なさい」という言外のメッセージが込められています。

「いったい、あなたはどうしてそうなの？」という言葉も、質問の形をとってはいますが、叱責です。**「なんで？」「どうして？」は相手を非難する質問**になりがちだということは覚えておいてください。

例えば、「なんで宿題を出さないの？」だったら「宿題を出してね」、「どうしてそれを言えないの？」は「それを言ってね」と、率直にしてほしいことを伝えるほうが、相手に伝わりやすくなります。

ケース14の改善例

教師「鈴木くん、最近、元気がないみたいに見えるけど、何かあった？」
生徒「別に……」
教師「そっか。鈴木くんが休みがちだから、ちょっと心配になっちゃって」
生徒「……大丈夫です」
教師「そうか。……もし何か、気になることが出てきたら教えてね」
生徒「あの……」

教師「ん？　どした？……」

生徒「前からうちの親が……よくケンカしていて……」

教師「そっか……それはつらいね……」

このお子さんは、自分ではそうしたくなくても、つい暗い表情になってしまうのです。こういう言葉少なな子どもとのかかわりには、根気強さが必要です。沈黙にも「待つ姿勢」で臨み、気持ちに寄り添った一言をかけてほしいのです。すると、

「先生は、僕（私）のダメな気持ちにもつきあってくれるんだ」

「こんな僕（私）でも、見捨てないでいてくれるんだ」

と感じて、徐々にパワーを取り戻していきます。

私がスクールカウンセラーとしていつも感じるのは、**子どもの「自然回復パワー」はすごい**ということです。

例えば、不登校で中学校時代に一度も教室に入れなかったのに、「いやオレ、高校になったら学校に行くから」という子がいます。大人の側は、「そうは言っても無理だろう」と思いがちです。けれども、その子が高校生になったら1日も休まずに登校するようにな

るというケースは、よくあることなのです。

子どもは、私たち大人が想像するよりもずっと、「自然回復パワー」にあふれています。そのパワーを発揮してもらうには、**どんなに時間やエネルギーをかけてでも根気強く、子どもの気持ちをていねいに聞いて、寄り添い続けること。**これが何よりも大切なことです。

次に、教師と保護者の会話例を紹介します。保護者が、先生に要望を伝えたい場面の会話です。**保護者が、先生に「わかってもらう」ためには、どのような工夫をしたらよいのでしょうか。**

ていねいに具体的に「してほしいこと」をお願いする

ここでは、担任の先生に叱られた小学生の子どもが、帰宅してからも落ち込んでいるケースを取り上げます。子どもに話を聞いていくと「それは先生の指導がまずいのでは？」と思われたケースです。親は、先生宛てに電話をかけてみました――。

ケース15

親「先生、ちょっと話したいことがあるんですが……」

教師「あ、はい……何でしょうか?」

親「先生、いったい、うちの子になんてことをしてくれたんですかっ!」

教師「えっ? ああ、あのことですか」

親「うちの子、帰宅するなり泣いてしまって。今も落ち込んでいます」

教師「○○さん、そんなに気にしているんですか。私は、○○さんのことが心配だから叱ってしまったのですが……」

親「先生の指導は全然、子どもに届いてません。そんな指導は間違っていますよね! これだから教師の質が低下しているって言われるんですよ」

教師「いや、しかし、私は○○さんにもっとよくなってほしい一心で……」

親「言い訳はやめてください!」

ケース15の改善例

親「先生、今、お時間をいただいてもよろしいですか? ちょっと聞いていただきたいことがありまして……」
教師「大丈夫ですよ。何でしょうか?」
親「先生、この前、うちの子が何かで先生を怒らせてしまったようで……」
教師「ああ、あのことですか」
親「はい。本人がいつになく落ち込んでいるものですから……」
教師「○○さん、そんなに気にしているんですか。私は、○○さんのことが心配だから叱ってしまったのですが……」
親「いや、なんだかすごく落ち込んでいるので、親としては、うちの子、不登校になってしまわないかと心配なんです。
うちの子、強がっていますけど、実はすごく打たれ弱くて傷つきやすいところがあって……もしまた同じようなことがありましたら、うちの子がもう少し前向きな気持ちでいられるような言い方をしていただけませんか?」
教師「わかりました。私の言い方がまずかったですね。以降は、気をつけます」
親「うちの子、先生のこと、大好きなんです。これからもよろしくお願いします!」

多少は文句を言いたくても、そこはグッと抑えて、「親として心配な気持ち」をていねいに、率直に言葉にするほうが伝わりやすいです。その上で、「先生にしてほしいこと」を具体的にお願いするのです。

「うちの子がもう少し前向きな気持ちでいられるような言い方を……」とていねいにお願いされたら、たいていの先生はそのように行動してくれます（大半の教師は、そういう「誠実さ」は持ち合わせています）。

「うちの子になんてことをしてくれたんですかっ！」と先生を責め立てるのは、決して得策ではありません。

先生には、

①親として**子どもを心配する気持ち**をていねいに伝える
②その上で、ていねいに**具体的に「してほしいこと」**を伝える
③最後に「**うちの子、先生のこと大好きなんです！」など、先生への信頼と期待のメッセージ**も伝えてみる

このような順で言葉にできるといいでしょう。

第3部

上級編
「ほんものの傾聴」を身につける

さて、上級編になるとちょっと難しくなります。このあたりから、私がプロのカウンセラーとしてふだん使っている技術を紹介します。

第3部では、質の高い「ほんものの傾聴」についてお伝えしていきます。せっかくこの本を手に取っていただいたみなさんには、プロカウンセラーが身につけている「深くて、的確で、クライエントの気づきにつながる」ほんものの傾聴を体得してほしいと思います。

第3部は、プロのカウンセラーやコーチ、心理士の方が読んでも、傾聴の本質と実際を具体的に学んでいただける内容になっています。けれど、次のような一般の方にもおすすめです。

・職場の人間関係、友人や恋人、家族のことなど、自分やまわりの人のことで悩みがある方
・カウンセリングを学んで、それを自分の仕事に活かしたい企業の管理職や人事担当者、学校の先生、福祉関係者や医療関係者
・自分の仕事にカウンセリングの要素を加えて、相手からの信頼を厚くしたい方

・医療、教育、福祉などの対人援助職、コーチ、キャリアコンサルタント、アドバイザーなど

それでは、「プロのカウンセラーの技術」についてさっそく学んでいきましょう。

プロカウンセラーの技術1
一般的傾聴（寄り添う傾聴）でケアする。「わかってもらえる関係」をつくる

心理の専門家や周囲の人々による「心理的な仕事」は、大きく二つに分かれます。「**ケア**」と「**セラピー**」（**カウンセリング**）です。

ほかにも、心理テストによるアセスメント（クライエントの状態を見定めていくこと）、リサーチ、地域貢献、心理教育のプログラムづくり……と多岐にわたりますが、おおまかにいうと、「ケア」と「セラピー」に分けられます。

この本の読者の中には、心理の専門家ではないけれど仕事の中で、「心理っぽいこと」をする必要が生じて、それに取り組んでいる方も少なくないでしょう。最近、企業でも

「心理的安全性」や上司による部下への「1on1《ワンオンワン》ミーティング」が必要と言われてきています。

その場合に行うのは、セラピーやカウンセリングではなく、ケアです。

部下が今、どのような状態で仕事に取り組んでいるか、ケアし理解するのが、上司の仕事です。そこで用いられる具体的な手法が「傾聴」です。

学校で、担任の先生や保健室の先生が、生徒のことを気にかけ、声かけして、話を聞く。これも「心理的なケア」です（カウンセリングやセラピーではありません）。

医師や看護師、保健師が病で苦しんでいる人のことを気にかけ、声かけし、話を聞く。これも「ケア」です。

また、自殺を予防するゲートキーパーに必要なのも、「ケア」です。あたたかな関心を寄せ続けることです。

家庭内もそうです。妻が夫のことを気にかけ、言葉をかけて、話を聞く。「それはつらかったわねえ」と気にかける。――これも「ケア」です。親が子どものことを気にかけ、言葉をかけ、話を聞く。これも「ケア」です。

友人や恋人や職場の同僚が落ち込んでいるときに心配し、言葉をかけ、話を聞く。これも「ケア」です。

枚挙にいとまがありません。**私たちの世界は「ケアが必要な現場」でいっぱい**です。そして、**そこで求められる方法が「傾聴」**です。

こころを込め、困っている人の傍らにいて、相手の気持ちをただそのまま受け止め（受容）、気持ちを理解して「それはつらかったねえ」「よく耐えてこられましたねえ」と聞いていく。

しばらく聞いていると、話をしている人のこころにエネルギーが戻ってきたり、話すことで自分の思いが整理されたりしてくる。そして何より孤独が癒される。

そんな効果が期待されて、ケアには傾聴が必要とされます。**「受容」と「共感」による傾聴**です。

最初はあたたかな関心を寄せることから始める

では、実際のカウンセリングではどうでしょうか。

初回、2回目の面接は、ケアの際に多くの人が行う一般的な傾聴と変わりません。

それらの場で必要なのは、まず**「あたたかな関心」を寄せる**ことです。

「あたたかな関心」を寄せてもらえることで、多くの人は救われます。逆にいうと、この世界の大半は「人のことに無関心な人ばかり」です。

関心を持ってほしくない人から関心を寄せられるような（地縁が強い地域にありがちな）がんじがらめの人間関係も息苦しいものです。しかし、「自分に関心を持ってくれる人が、この世界には誰もいない」という世界を思い浮かべてみてください。

相当な孤独です。生きる意欲は、確実に削がれていきます。

「自分がこの世界にいる理由がわからなくなった」「見えなくなった」と自殺を図る人もいるでしょう。そうした人の多くは、「この世界に、自分に本当に関心を持ってくれている人は、誰もいない」と感じているのです。

ひとりでいいのです。

「自分のことを本当に気にかけてくれる人がいる」と実感できると、多くの人は、生きる意欲が湧いてきます。

また、「**そばにいるだけでホッとできる雰囲気**」があることも大切です。

今の世の中は、かつてに比べると「きちんとした社会」になりました。ハラスメントなどにも世間の目は厳しくなっています。しかしそれは裏を返すと、「いつもきちんとしていなくてはいけない社会」になってしまった、ということです。どこでも気を抜けない、安心できるところがない社会になってしまったということでもあります。

そんなとき、「**この人にならら、素のままを出しても大丈夫**」と思えるような、そんな人がいると、大きな力になります。

心理的なケアをする人に一番大切なこと

心理的なケアをする人にとって一番大切なのは、安心感、安全感があることです。

「**この人のそばにいると、ホッとする。安心感がある**」

そんな穏やかさをキープすることです。

よく勉強しているし、言うこともシャープだけど、一緒にいるとなんだか落ち着かない。いつも裁かれたり、批判されたりしている気がする。そんな人は、ケアには向きません。

いつもこころが穏やかで、安定していて、相手にあたたかい関心を寄せることができる人。そんな人がケアに向いています。

その人が行うケアの具体的な方法が「傾聴」です。**相手の「傍らに、寄り添って聞く」**

傾聴です。

相手と一体になる必要はありません。むしろ（例えば死にたい人の話を聞いているうちに、自分まで落ち込んで死にたくなってしまう、というのではよくないので）相手と自分は違うのだということ、別々の人間だとちゃんとわかっている。そんな姿勢が重要です。

心理的な「距離」をきちんととりながら、相手の気持ちを相手の気持ちとして、理解しようとします。批判したり、けなしたりせず、また、ほめたり叱ったりもせず、「ただ相手の話をそのまま聞く」。**肯定も否定もせずに、「ただそのまま聞く」**のです。

アドバイスもせず、説教もせず、「ただそのままを聞いてもらえる」ことで、人のこころはエネルギーを取り戻します。また、聞いてもらっているうちに、自分の気持ちが整理されていきます。こころの中で、自問自答が進むのです。

例えば、高校生の子どもが母親に進路希望を話したけれど、わかってもらえなくて、頭ごなしに「そんなの無理よ」と否定されて、悲しさでいっぱいになっているとします。

「そうか、お母さん、全然わかってくれなかったか……。それはつらいね。残念だったね」

とそのままを受け止める。

「私なんか、いいところまったくないダメ人間だから」と落ち込んでいる若者に対して、「そんなことないよ。あなた、こんないいところあるじゃない！」と友達のように励ましたりしません。「自分にいいところがないなんて、ゆがんだ考えを持ってはダメだ」と説教したりもしません。

「そっか。いろいろあって、いまは自分にいいところなんてまったくない、としか、思えなくなっているんだね」と、ただそのまま、受け止める。

そうしてもらうことで、ケアされる人間は気兼ねなく、自分の思いをそのまま語ることができます。そして、語るうちに、自分の思いが整理されてきて、これから自分がどうしたらいいか、見えてきたりします。

重要なのは、一歩距離を置いて見守り、寄り添い、「〇〇な気持ちなんだね」と、ただそのまま受け止めること。

相手を肯定するのでもない。もちろん否定もしない。

ほめるのでもない。叱りもしない。

「大丈夫、なんとかなる」と励まし勇気づけたりもしない。

「そうだよね。絶対わかるよ」「同感！」と、同じ気持ちになるのでもない。

一歩距離を置いて、相手の気持ちを「ただそのまま」受け止める。

善悪もなく、良し悪しもない。

「ただそのまま」

現代カウンセリングの祖、カール・ロジャーズの言う「受容」です。

そんな姿勢が、「相手をケアする傾聴」ではもっとも重要です。

プロカウンセラーの技術2
プロセスアセスメントで「相手の求めているもの」に応じた聞き方をする

「受容」とは、相手を「ただそのまま受け止める」こと、そして「一歩離れて、距離をとって、見守る」こと——そんな姿勢が、ケアにおいてはもっとも重要です。

しかし、いつまでも「そう、それはつらかったですね」「○○なお気持ちだったたんですね」と（距離をとって人ごととして）返すだけでは、相手は物足りなくなってきます。

「もっと近くに寄ってきてほしく」なります。

多くのカウンセリング講座、傾聴講座では、実は、この「相手をケアする傾聴」だけを教わります。実際のカウンセリングにおける「初回面接用の聞き方」だけを教わるのです。「○○なお気持ちなんですね」と、相手と「距離」をとって、しかし、あたたかく寄り添って聞く。そんな聞き方を学ぶのです。そして、そのまま実際に十数回もカウンセリングを行ったりもします。

すると、多くのクライエントが「あそこに行っても、ただ聞いてくれるだけだった」と言って、通うのをやめるようになります。

そこに行っても、カウンセラーは自分の話をあたたかく、けれど、「ただ他人事（人ごと）として、距離を保って聞いてくれるだけだった」というのです。

では、どうすればいいのでしょうか。「○○したらどうですか?」とアドバイスを送ると、いいのでしょうか。違います。**「聞き方」を濃くする**のです。

実際のカウンセリングでは、**3回目以降は、同じ聞くにしても、「もっと濃密な聞き方」**が求められます。それがプロカウンセラーのプロたるゆえんです。

では3回目以降は、どのように聞くのでしょうか?

大事なのは、相手が求めているものに応じて聞き方を変えることです。

カウンセリングのプロセスの中で、**「相手がこれから向かおうとしているのは、どの方**

向なのか」を見定めていきます。これを**プロセスアセスメント**と呼びます。

クライエントの向かおうとする方向は、おおまかにいうと、3つに分かれます。

A　アタッチメント志向（孤独軽減志向）

B　ターゲット志向

C　自己探究志向、変容志向

プロカウンセラーの技術3　相手を「ひとりにしない」体験を提供する

Aのアタッチメント志向のクライエントは、カウンセラーにわかってもらうことを通して、何か、その先にあるものを求めてカウンセリングに来ているわけではありません。**「カウンセラーにわかってもらえること」「誰かに、本当にわかってもらえるという体験をすること」**そのこと自体が目的なのです。

これまでの人生であまりに孤独な日々を歩んできたからです。

私のことをわかってくれる人は誰もいない。

「私は、どしゃぶりの雨が降り続ける道を、たったひとり、小さな傘しか持たずにひたすら歩んできた。そんな人生でした」

そう語る方もいます。

こうした「孤独感自体」がテーマになっている方の場合、カウンセラーがいつまでも「○○な気持ちなんですね」と距離を保ったまま聞き続けていると、クライエントのほうはカウンセリングの中で放置されているように感じます。すると、さらに傷つけてしまうことになります。

「私はカウンセリングに行っても、孤独のまま、放置された……」。そのように感じて、こころの傷をさらに深くしてしまうのです。

カウンセリングに行っても「○○な気持ちなんですね」と、しょせん人ごととして話を聞いてくれるだけ。全然近づいてきてくれない。孤独のまま、放置されている。そんな体験になるのです。

この方の孤独を少しでも軽減するには、もっと近くに寄っていく必要があります。

「あなたのお話を聞いていて……私も……なんだか怒りで震え始めているのがわかりますか？　見てください。私の手が震えているのが、わかりますか？」

「あなたのお話を聞いていて……私の中にも強い悲しみが込み上げてきました。私の目から涙がこぼれているのが、わかりますか？」

このように、「話を聞いていて、自分に起きた気持ちを語ることで、二人の距離をぐっと縮める」ことができます。「誰にもわかってもらえない」と訴える孤独感の強いクライエントの方には、こうした聞き方をする必要があります。ある意味、クライエントと一つになり、一体化して、さまざまな感情をともにするのです。

そのようなカウンセラーとの体験を通して「私はひとりではないんだ」という感覚が育ってきます。これが救いになるのです。

こうした孤独感の解消に有効な技法については、**AEDP（加速化体験力動療法）**が、もっとも多くの技術や方法を備えていると思います。愛着と感情に焦点を当てた最新の統合的心理療法です。

プロカウンセラーの技術4
人生の問題のよき「トレーナー」「ディレクター」になる

カウンセリングに来る方の中には、そのカウンセリングで何をなしとげたいのか。そのターゲットがかなり明確な方もいます。**Bのターゲット志向の強いクライエント**です。

「私は、この大事な仕事に取り組みたいのですが、なかなか実行できないんです。余計なことがいろいろ気になってしまって……。そうして結局、動画を見たり、SNSをやったりしているうちに時間が過ぎてしまって……全然集中できないんです。どうしたらこの仕事に集中できるか、それを知りたくて来たんです」

このような方には、カウンセリングの四大アプローチの一つ、**認知行動療法**が向いています。認知行動療法とは、考え方や行動などの変えやすい部分から少しずつ変えていくことで、問題の解決を目指す心理療法です。

この場合、カウンセラーは、どうすればこの人が「気になること」にとらわれてしまい大切なことに取り組めずに時間が過ぎてしまう状態から脱却できるか、そのための「作戦」を一緒に練ります。

そして、家でこなしてもらう「宿題」（課題を達成できたかを記録してもらうなど）を出します。自宅で「気になることは、気になることとして、そのままにしておいて」本来の仕事に取り組む練習をしてもらうのです。

カウンセリングの中でも、「気になることがあっても、それをただそのままにしておく」

注意の向け方の「練習」をします。練習課題に取り組むなかで、気になることがあっても、それに気持ちを奪われず、ただそのままにしておきながら、本来の仕事に没頭できる。そんな「注意の向け方」のトレーニングをするのです。

クライエントは、記録をつけておいて、それをもとに毎週、カウンセラーと話しあいます。そして次週の課題を決めます。このようにカウンセラーは、**クライエントが身につけるべき「行動」や「思考」「注意の向け方」を、実際に身につけられるようにするためのトレーナーのような役割**を果たします。

一方、クライエントの問題が、家族との問題のような「コミュニケーションの悪循環」によるものである場合には、従来の問題志向のカウンセリング（過去の「問題や原因」を出発点に解決へと向かう）よりも、解決志向の「ソリューション・フォーカスト・アプローチ」が有効です。「原因」や「問題」を明確にして、その解決に向かうのではありません。「原因」や「問題」には目を向けず、いきなり「解決」に向かうのです。

例えば、夫と話していると、そうしたくないのについ罵りあいになってしまう、という女性がカウンセリングに来たとします。

その女性は、夫のどこがダメか、なぜ問題なのかをひたすら語ります。カウンセラーはそれを受け止めた上で「そうですか……。ところで最近、ご主人と例外的に楽しく会話ができたときはいつでしたか？」とたずねます。

夫の「問題」に目が向いているうちは、コミュニケーションの悪循環は止まりません。**「例外的に楽しく会話できた場面」**や**「解決できたイメージ」について語ってもらうことでその悪循環から脱してもらおうとする**のです。このときカウンセラーは、**家族とのコミュニケーションを劇的に変えるディレクターのような役割**を果たしているといえるでしょう。

こうしたアプローチの場合、クライエントが「どうなりたいか？」は明確です。ですので、カウンセラーは話を聞くときに、そのことにかかわる情報に絞って、具体的に詳しく聞いていく必要があります。

例えば「余計なことが気になって、仕事が手につかなくなってしまう」というときに、その前後にどんなことがあると、そうなってしまうのか。その具体的な情報を確認するような聞き方をしていく必要があるのです。

プロカウンセラーの技術5

どこに向かうかわからない「人生」という旅の「同行者」となる

カウンセリングに来る方の中には、もっと、人生の本質にかかわるような悩みを持っている方もいます。**Cの自己探究志向のクライエントの方**です。

そういう人は例えば、次のような悩みを抱えています。

「私の人生、それほど悪くなかったと思うんです。仕事もまあまあだった。役職にも就けたし、お金もそこそこ貯まった。家庭もうまくいったと思います。結婚して子どもも生まれ、よく育って、この前、初孫の顔も見ました。だから、まあまあうまくいったとは思うんですけど。でも、私の人生、〝何か〟が足りない気がするんです……」

私のもとには、こうした人生の根本にかかわる「**実存的な苦悩」ともいうべき悩みを持って来られる方がもっとも多い**です。自分の人生は、まあまあうまくはいっているけれど、決定的に大切な「何か」が足りない。どこか「空っぽ」でこころの深いところが満たされない。このままでは、こころから納得して満足して死ねない。そう言うのです。

これらの問題は「答えのない問題」です。

クライエントもカウンセラーも、そのカウンセリングが「どこに向かうかわからない」。ゴールのない自己探究の旅を、ともに歩んでいるような感覚になります。

こういった問題に焦点を当てるのが、人間性心理学、実存心理学、トランスパーソナル心理学といった心理学です。

クライエント中心療法の創始者であるカール・ロジャーズはその著書（Rogers, C. R. & Russell, D. E. 2002 Carl Rogers: *The Quiet Revolutionary.* Penmarin Books.）で、次のように言います。

「セラピストの役割は、クライエントが自己と体験のその内側のもっとも深いところを探究していく、その同行者となることであると、私は考えています。誰かがともにいてくれると、それまで否定していた問題に向きあいやすくなるのです。『暗闇に向かって歩いている感じがしています』とあるクライエントが言っていました。『けれど、誰か同行者がそばにいてくれると、ひとりでいるのに比べて、とても楽になれるんです』と」

「いいセラピストは、クライエントとしっかりそこに一緒にいることができます。あるときは少し前を、あるときは少し後を、でも先に行きすぎたり遅れすぎたりはせずに。だからクライエントは『私とちゃんと一緒にいてくれるんですね。私が今どこにいるか、わかってくれているんですね。この瞬間に感じている恐怖を理解してくれるんですね。今この瞬間に気づいたことをわかってくれるんですね』――そう感じるのです」

「このあり方は、とても安全です。セラピストの役割は、安心感があり、理解してくれる、同行者でいてくれる、そうした真実の関係を提供することにあります。セラピストは見せかけで行動しません。セラピストはクライエントとともに体験のただなかにいるのです」

どこに向かうのか、どこにたどり着くのかわからない、自己探究の旅。とりわけそれは、中高年のクライエントの重要な課題です。カウンセラーはそのどこに向かうかわからない自己探究の旅の「同行者」なのです。

カウンセラーは「同行者」として、クライエントの内面の旅に耳を傾けていきます。そのとき、ほんものの傾聴を実践していくことになります。

プロカウンセラーの技術6
深い、ほんものの傾聴の真骨頂――話し手に「なる」「なりきる」

ここがプロカウンセラーの真骨頂で、アマチュアとの違いが一番出る点です。

もっとも面接の初回、2回目くらいは、先に述べた「一般的な、寄り添い型の傾聴」とそう変わりません。「少し距離を置いて、寄り添う傾聴」、「○○なお気持ちなんですね」と相手をそのまま受け止めていく傾聴、それでよいのです。

しかし、これから自分はどうやって生きていくか。人生後半をかけて、何をするか。

自分がこの世でし残したことは何か。

死ぬときに後悔しないためには、どう生きていくことができるか。

そんな深い、自己探究の旅に同行するのに、ただ「寄り添う傾聴」では、不十分です。

それだけでは、物足りなくなります。もっと相手と一つになって、ぐっと深く、内面に入っていく、そんな聞き方が求められます。

具体的には3回目の面接くらいから、初回面接とはだいぶ聞き方が違ってきます。

一般的な傾聴では、クライエントの内面を理解するにあたって、距離を一定に保った上で、「少し外側から」寄り添うようにして聞いていきます。これに対して、ロジャーズ流の深いほんものの傾聴では、もっと「内側にぐっと入って」いきます。**クライエントに「なりきって」「一つ」になり、クライアントの内的体験の中をともにたゆたい、ともに体験します（共体験する）**。

ギリギリのところから一歩前に進み始めるとき

ただし、ロジャーズ流のカウンセリングでも、最初からいきなりクライエントの内面に深く入り込むわけではありません。初回面接では、少し外側から、クライエントに寄り添うようにして聞いていきます。

例えば、ある女性は、精神的にギリギリのところに追い込まれていました。初回の面接では、自分の苦しい内面をわかってもらおうと、カウンセラーの目を見て一生懸命に語っていました。

女性「私、もう本当に精神的にギリギリのところでやってきたんです。いろいろあって、もう限界がきてしまったみたいで、赤信号だと頭ではわかっているのに向こう側に吸い寄せられるように歩いて行ってひかれかけたり……」

カウンセラーは、初回の時点では、少し外側からクライエントに寄り添うようにして、クライエントの内面を理解しようとします。

「これまで、本当にギリギリのところで、なんとかかんとかやってこられたんですね。つらい局面をしのいでこられたんですね。……本当に大変な人生だったですね」

しかし、面接の4回目になると、よりクライエントの内面に深く入っています。クライエントは、カウンセラーにはもう十分わかってもらえている感じがあるので、カウンセラーのほうを向いて話はしません。その段階は超えて、自分の内面にしっかり浸っています。

視線は、あるときは虚空を見つめ、あるときは遠くをぼんやり見ながら、もうひとりの自分と対話するように話します。どこかひとり言のようでもあります。

女性「本当にいまもギリギリなんです。ギリギリ……一巻の終わり……細い一本の道の上を歩いているようです。……落ちたらもう終わり……私の人生は終わってしまう」

カウンセラーは、そのクライエントになりきったかのような姿勢で、低い声でつぶやくようにゆっくりと伝えます。

「ギリギリ……もう本当にギリギリ……落ちたら終わり。だから下は見ない……ギリギリ……本当にギリギリ……だから、ていねいに足の踏み場を確かめながら、日々を生きている……ていねいにていねいに確かめながら」

カウンセラーは自分を消し、クライエントの内的体験の一部になったかのようにして聞いていきます。クライエントになりきったかのような意識状態で、クライエントの内的体験を言葉にしていきます。カウンセラーはクライエントが内側のもっとも深いところを探究していく内的な旅のまさに「同行者」となるのです。

カウンセラーがこのような、クライエントの内側に深く入っていくような姿勢で聞いていくと、クライエントも、自分自身の体験の内側にぐっと深く入っていくことができます。自分の内的体験をより深いところで、その体験に浸りきって、より十分に体験することができるのです。自分の内側深くで内的体験を十分に体験し、体験しきったときに、こころの停滞が解かれて、一歩前に進み始めるのです。

プロカウンセラーの技術のまとめ「深い、ほんものの傾聴」のポイント

私が、自分のカウンセリングの中で行っている工夫をいくつか示します。

①自分というものをいったん完全に消す

自分のこころを空《から》にして、クライエントに「なりきろう」とします。

②相手の内側の世界に入り込む

相手の内的世界に自分を没入させる。自分を溶かしていくようなイメージで、相手の内側の世界に完全に入っていく。相手に「なる」「なりきる」。ロジャーズの言葉で言えば、「一時的に相手の人生を生きる」のです。

③相手に「なりきる」

相手に「なりきって」、自分もその人生をともに生きているような、そうした体験をする（共体験）。相手を見るのではありません。相手に「なる」。そして「一緒に体験する」のです。

④相手の視点から世界を一緒に見る

相手になって、相手自身の目に世界がどう見えているか、この世界、この人生が本人にはどう映っているか、相手の目線から、相手になったつもりで、見る。相手に何をどう返そうか、などといったことは意識にない。ただ、くつろいで、リラックスして、相手の内面世界の中でくつろぎ、たゆたっている。その内的体験の世界を味わっている。あたかも映画の世界に入り込んで、それを体験しているときに近い感覚です。その世界をリラックスして自由に動き回るのです。

⑤「なりきった意識状態」のまま話を聞きながら、そこで得た相手の内的世界のエッセンスについての理解を相手に伝える

「○○」なんですねと、ただ「要約」して相手に「確認」するのではない。相手の内的世界のエッセンスを、あたかもいまそれがその場で起きているかのように、ありありと映し出します。

（例）「**もうここから落ちたら、大変だ。もう一巻の終わり。ここから落ちないよう、落ちないように、毎日、踏み確かめながら、一歩、一歩、歩んでいる……**」

⑥話し手の微修正が、聞き手を導くようにする

クライエントはカウンセラーの応答の言葉を聞きながら、そのときその場で自分の体験をありありと感じ直し、体験し直します。クライエントに自分の内側でカウンセラーが返した言葉がぴったりしっくりくるかどうか響かせて確かめてもらい、修正してもらいます。聞き手と話し手は一緒に進んでいくことができます。よりぴったり、しっくりくるものに微調整していくことができます。

（例）

聞き手「とてもさみしいんですね」

話し手「うーん、さみしい……さみしいって面もあるんですけど……『切ない』って言っ

たほうが、しっくりくるっていうか」

聞き手「切ない……切ない……なんか切ない」

話し手「そうなんです。切ない、切ないなぁ……」

このように、聞き手の言葉を話し手の内側でぴったりくるかどうか照合してもらうことで、聞き手と話し手は一緒に進んでいくことができます。

⑦話し手が大事なところに「とどまる」工夫、「流さない」工夫をする

話し手の話が、大切なことを流して先に進んでしまいそうになるとき、「大切なところに「とどまる」工夫、「流さない」工夫をすることが大切です。面接のスピードをスローダウンし、相手に自分の内側に注意を向けるスペースを与えます。そのためにできる工夫の一つは、大切なところにさしかかったら、そのキーワードを、低い声で、何度もゆっくり、繰り返しリフレインすることです。

（例）

話し手「なんか、前に進めないんです……それで……」

聞き手「なんか、前に進めない。前に進めない……。進めない……（低い声で、ゆっくり繰り

返す)。**前に進みたい気持ちもあるけれど、進むのをやめたいような気持ちも、自分の中にある……進みたい……進めない……進みたい……進めない……」**

(話し手は、聞き手の言葉を自分の内側で響かせて、しっくりくるかどうか、確かめている)

このように、話し手が内側の大事な部分にとどまることができるように、ゆっくり進む傾聴を「フォーカシング指向の傾聴」と呼びます。

多くのクライエントは、大事なところに少し触れたと思ったら、そこを流し、話を先に進めようとしてしまいます。しかし、まさにそここそが、クライエントの変化の「急所」です。

できるカウンセラーは、話を「流さない」ように工夫をします。クライエントが、まさに変化の急所である内面の深いところ(エッジ)に「とどまる」ことができるようにするのです。

⑧言葉以外の動作なども使って相手の内面世界を映し出す

ロジャーズのカウンセリングの逐語記録(音声を文字起こししたもの)を読むと、クライエントの言葉をそのまま繰り返すことはほぼまったくしていません。何をしているか。**クライエントの言わんとしていることを、まだ言葉になる以前のところでつかんで、そのエッセンスを「短い言葉」でパッと短く「映し出している」**のです。クライエントのこころの動きのエッセンスを映し出す「鏡」のようにです。これはロジャーズが「達人」だからできることです。

どのようにすれば、私たち凡人が、ロジャーズという達人と同じ効果、同じ影響をもたらすことができるか。長年研究した末に、私は次のような工夫をするようになりました。言葉だけでなく、全身でクライエントになりきって、そのこころの動きのエッセンスをその場に「映し出す」のです。具体的には、クライエントのこころのパーツの一つひとつを、聞き手は「ロール」として演じて、映し出します。クライエントのこころの「一部」になりきって、映し出すのです。クライエントが例えば「なんか、前に進めないんです」と語っているとしましょう。

聞き手「なんか、前に進めない。前に進めない……。進めない……。前に進みたい気持ちもあるけれど、進むのをやめたいような気持ちも、自分の中にある。その二つの気持ちがどちらも同時に自分の中にある……」

このことを確認した上で、聞き手は、クライエントのこころの内側にある二つのロールを一人二役で演じます。

聞き手「前に進みたい。進みたい。僕は、前に進むんだ。絶対に進む。進んでみせる」

（少し間を空けて）「**そんなの無理だよ……やめときなよ。ろくなことはないよ……世間は修羅場だよ**」

このように、話し手の中にある「二つの気持ち」を代弁する「二つのロール」を一人二役で演じます。そして「これを見ていて、いかがですか」とたずねます。話し手には一人二役を見ながら自分の中で浮かんできた気持ちを語ってもらいます。

これは、ロジャーズのカウンセリングのエッセンスを私なりに、さまざまな技法を統合する形で方法化したEAMA（体験―アウエアネス―意味生成アプローチ）の主要技法の一つです。

⑨話を聞きながら「ふと浮かんでくる一言」や「イメージ」を伝える

カウンセラーは、クライエントの内側の世界に完全に没入します。クライエントに「なりきった」感覚で話を聞きます。二人の間には、「一体化」し、「一つになっている」感覚、「一つになって、ともに内的世界を旅している」感覚が育まれていきます。

こうして、完全に相手になりきれているときにふと生まれてくるイメージや直観は、もはやカウンセラーの中からだけ生まれたものではありません。それは、二人が混合一体となっているところから生まれてくる、リアルなイメージです。そして、それがあるリアリティを持つならば、それをクライエントに伝えていくことは、時として大きな意味を持ちます。

実際のカウンセリングでも、次のようなことがあります。クライエントの話を虚心に聞いていると、そのこころの世界の深さに、こちらもググググ――ッと吸い寄せられるように深く入っていく。その世界にしばらく浸っていると、なぜかふと何度も、同じイメージが浮かんでくることがあります。そんなとき、次のように伝えてみるのです。

「お話をお聞きしていると、同じイメージが何度も浮かんでくるんです……真っ暗な闇の中をひとり、ぽつんと歩いていると……そこに一匹の蛍がすっと現れて、誰にも気づかれないように、とても静かに、スッと現れて、あたりを一瞬、照らしてくれる。ほんの一瞬

のことです。そして、それが終わったらその蛍は、何か、自分の役割はもう終わった、という感じで、また、誰にも気づかれないように、スッと消えていく……そんなイメージなんです」

こんなふうに、相手になりきって虚心に聞いているうちに、その話のエッセンス、あるいは、その話を超えて、クライエントその人自身のエッセンスについて、ふと浮かんできたことをつぶやくように言葉にして伝えてみるのです。

ただ浮かんできた内容を伝えるのではありません。あたかもそれがいまその場で、眼前で起きているかのようにありありと「映し出す」のです。そのようにして伝えられた言葉、イメージ、動作、音などは、クライエントのこころを深く動かします。

そこで起きているのは、「**このカウンセラーとこのクライエント、この二人でなければ不可能であった、深いところでのこころの響きあい**」です。それは、単なる「感情のリフレクション（伝え返し）」や「意味のリフレクション」ではありません。「クライエントのありよう」「クライエントの生き様」そのもののエッセンスへの応答です。

すると、クライエントはしばしば、「ああ、この人は、私のありようそのもののエッセンスをわかってくれた」「この人は、私の人生、私の生き様のエッセンスそのものをわかってくれた」と思います。「このレベルで私のことをわかってくれる人は、ほかにはなかなかいない。しばらく、このカウンセラーさんのところに通おう」とも感じます。

単に話の内容だけではなく、対話を通じてそこに表現されている自分のこころの世界のエッセンス、存在そのもの、人生そのもののエッセンスをわかってもらえた。感じ取ってもらえた。伝わった。そう思える「傾聴」です。

「このカウンセラーは、自分よりも、自分の体験していることの本質をより深く理解してくれている」と思える瞬間が訪れます。このとき、クライエントのこころの内側で、それまで閉ざされていた「何か」が開かれ始めます。

「深い、ほんものの傾聴」は、このようにしながら、二人でお互いに内側で響かせあいながら、ゆっくりと一緒に進んでいくものです。ロジャーズも言うように、それは、話し手と聞き手が「二人で協力してつくっていくプロセス」です。決して、聞き手の側が完璧であればうまくいく、といったものではありません。

いくら聞き手が深く聞くことができる人であっても、話し手が、表面的な浅い話しかしない人であれば、そのプロセスはとても退屈でつまらないものになるでしょう。
そこで「話す側」「わかってもらう側」にも、いくつか求められることがあります。

①話す側は、自分の内面を見つめながら真剣に話をする。

②聞き手から返ってきた言葉を、自分の「内側に響かせて、ぴったりか確かめる」。

もしちょっとずれていたり、それは違うな、と思ったら、「というよりも……より正確には、○○という感じです」と微修正しながら進むこと。微妙なズレがあっても「ま、そんなところです」などと、適当に流して話を進めたりしないようにすることです。そんなことをしていたら、二人で協力して、深い傾聴のプロセスをつくっていくことはできません。

本当にわかってもらうためには、話し手も、主体となって傾聴プロセスを導いていくのです。

③話し手からのフィードバックをもとに聞き手も言葉を微修正しながら、二人がよりぴったりな言葉にたどり着けるようにする。

④聞く側が「正確な理解にたどり着ける」ように、話し手自身も責任を持つ。

「話し手と聞き手」双方の大原則として、二人で協力して「そうなんです！」（わかってもらえた！）という状態に至るために努力することが求められます。

「自己探究志向の傾聴」では、こうして話し手と聞き手は「一つ」になり、一緒に生き方を深く探究していきます。

二人で一つになって、クライアントの内的体験を十分に体験し尽くします。自分の体験を十分に体験し尽くすことができると、クライエントの人生は、停滞した状態から一歩前に進むことができるようになるのです。ユージン・ジェンドリン（1926〜2017年、米国の哲学者・臨床心理学者）は、これを「キャリー・フォワード（前進的展開）」と呼びました。

コラム6

カウンセラーは「こころのツレ」

世間では、カウンセリングというと、いまだに「普通ではない人」や「こころが病気の人」が受けるものだというイメージが強いようです。

しかし、そんなことはありません。

私は、これからの時代、「誰もが、気軽にカウンセリングを受ける時代」が来なくてはならない、と思っています。

その理由は、日本人の多くが「**ひとりで過ごす時間がものすごく長くなってきている**」そのため、「**孤独を埋めることが大変に困難な時代になってきている**」からです。

未婚・長寿時代、人生の孤独を埋めるために

最良のパートナーに恵まれて、「日々、感じていること」や「つらいこと」「さみしいこと」など、さまざまな思いを、遠慮せずにお互いに語りあい、聞きあうことができるパートナーがいれば、わざわざお金を払ってカウンセラーに話を聞いてもらう必要はないかも

しれません。

しかし、今の時代、そんなこころを通いあわせるパートナーに恵まれている人のほうが少ないのではないでしょうか。

周知のように、生涯、結婚せずに独身で過ごす方や、離婚しておひとりさまになる方も多くなってきました。男性の半数が生涯、独身で過ごす時代が間もなくやってくると言われています。

また、寿命が長くなってきたので、たとえ結婚しても、配偶者が亡くなった後、ひとりで過ごす時間が多くなってきました。

あるいは、配偶者がいたとしても、あまり話ができなかったり、軽い話はできても、人生のことを深く語りあったり聞きあったりは、まったくできない相手であることも少なくありません。

「日々、感じていること」や「つらいこと」「さみしいこと」など、生きていれば、さまざまな思いが込み上げてきます。そういうことを遠慮せずに、語りあい、聞きあうことができるパートナーがいる人は、案外、少ないものです。

また、もしそういうパートナーがいたとしても、うちに秘めた思いをなんでも話せるものではないでしょう。**大事なパートナーだからこそ、関係を壊したくない。迷惑もかけたくない。**だからこそ、話せないことがある。けれど、どうしても誰かに話したい。誰にも話さずにひとりで抱えているのは、つらい。秘密を確実に守ってくれる、わかってくれる誰かにだけは話したい。そんなとき、信頼できるカウンセラーがいると、「その人にしか話せない話」をできるものです。

「行きつけのカウンセラー」がいるといい

人は、誰もが孤独です。ひとりでどこに向かっていったらいいかわからない人生の闇の中を歩いています。ロジャーズのクライエントが語ったように、そんな「誰かがそばにいてくれて、一緒に歩んでくれると、とても気持ちが楽になる」のです。カウンセラーは「人生の同行者」であり「人生の同伴者」です。お金を払って関係を結ぶ「こころのツレ」です。

実際の「ツレ」が「こころのツレ」の役割も果たしてくれる場合もあれば、そうでない場合もあるでしょう。カウンセラーは「こころのツレ」。「行きつけの美容院」や「行きつけのマッサージ師」がいるような感覚で、多くの人に「行きつけのカウンセラー」がひとりいて、必要なときに、あるいは定期的に人生の話をしに行く。そんな「こころのツレ」を誰もが持ってもいい時代になってきたと言えるでしょう。

最終章

傾聴について
さらに理解を深める

傾聴は何のために行うか？

ここまで、「聞く技術」や「わかってもらう技術」、そして深い「ほんものの傾聴」についてお話ししてきました。みなさんの中には、だいぶ「聞く―聞いてもらう」「わかる―わかってもらう」関係をつくりあげるための下地が整ってきたかと思います。

では、そのようにして「話を聞いてもらう」ことには、どんな意味があるのでしょうか。

「話をしたり聞いたりすること」は、つまるところ、どこにつながっていくのでしょうか。

何のために話を聞くのか。それは、「自己との対話」「自分自身との対話」をお手伝いするためです。

自分のこころと対話し、こころを深め、人生を深めていく。それによって、より深く、納得した人生を生きていく。そのことをお手伝いするのです。

現代カウンセリングの礎を築いたカール・ロジャーズは、傾聴について次のように語っています。

私がこれまで述べてきたような治療的な関係をしばらくの間経験したクライアントの変化は、セラピストの態度を反映したものになっていく。まずはじめに、クライアントは相手が自分の感情に受容的に傾聴していることに気づくにつれて、少しずつ自分自身に耳を傾けるようになっていく。〈中略〉

そうやって自分を傾聴することを学習すると、人は自分自身に対してより受容的になれる。自分が隠してきた恐ろしい部分をより多く表現するにつれて、彼はカウンセラーが自分や自分の感情に一貫した無条件の肯定的配慮を向けていることに気づくのである。彼は少しずつ自分に対して同じような態度を取るようになっていく。つまり、ありのままの自分を受容するようになり、そして生成のプロセスの中で前進しようとするのである。

（諸富祥彦・末武康弘・保坂享訳『ロジャーズが語る自己実現の道　ロジャーズ主要著作集３』「第四章　心理療法について何を知りえたか」岩崎学術出版社、２００５年、62ページ）

いかがでしょう。ずいぶんはっきりと傾聴の意味について言及していると思います。

「治療的な関係をしばらくの間経験したクライアントの変化は、セラピストの態度を反映したものになっていく。まずはじめに、クライアントは相手が自分の感情に受容的に傾聴していることに気づくにつれて、少しずつ自分自身に耳を傾けるようになっていく」

ここに傾聴の意味があるのです。

カウンセラーに自分の気持ちを聞いてもらっているうちに、クライエントは、カウンセラーが自分にしているのと同じことを、自分でも自分自身に行うようになってきます。「自分の気持ちを聞く」ということを学ぶようになっていくのです。「自分自身への傾聴」をおのずと学んでいくのです。そのことが、生き方、生きる姿勢、自分自身へのかかわり方の変化を引き起こしていく。「自分自身になっていく」のです。

一言で言えば、**傾聴してもらうと、人は、「自分自身のこころの声を聞くようになっていく」**のです。

人は、生きている間ずっと、「自分」と対話し続けています。

例えば、「今日着る服はどうしようか?」「今日の夕食はどうしようか?」といった小さなことから、「進路をどうするか?」「結婚するかどうか?」あるいは「これから10年どう生きるか?」といった大事なことまで、自分に問い続けています。

私たちはずっと、「自分」と対話し続けています。自分の内側の「もうひとりの自分」と話し続けています。

あるときはしっかりとその「声」を聞き、あるときはなだめすかし、あるときは距離を置き、あるときは静かに寄り添う。そんなさまざまなやり方で「自分」とかかわり続けています。死ぬ、ということは、そんな自分とお別れする、「内側の自分」との関係が消失する、ということでしょう。

自分がより深まっていく、というのは、この「自己との関係」が深まっていく、ということです。「自己との対話」が深まっていく、ということです。

「自己との対話」の深さが、人生の深さを決めるのです。**傾聴は、この「自己との対話」の深まりを支える営み**なのです。

仕事でも研究でも「深い、とどまる傾聴」が決め手

社員の能力開発、とりわけ「商品開発」や「新しい仕事の企画」の能力の育成には、「深いほんものの傾聴」が役に立ちます。というより、それ以外に支援する手立てはない、と私は思っています。

「深いほんものの傾聴」＝「ディープ・リスニング」は、先進的な思考をもたらします。創造的な思考において不可欠な「ディープでインプリシットな（暗黙の）次元における思考」を、「深い、とどまる傾聴」は可能にするからです。

人間はひとりでは、表層的で観念的な思考の次元から、より深い次元へとシフトすることはなかなかできません。結果、表層的で観念的な次元にとどまったまま思考を行い続けることになります。多くの場合、その社会の「定型的な既存の思考の型」（パターン）に絡め取られてしまいます。

これは、「まったく新たな商品の開発」でも「仕事の企画」でも同様でしょう。あるいは、大学での研究や論文作成も同様です。

これらの仕事においては、これまでとはまったく異なる、新たなアイデアが求められます。しかも、ただ新しければよいというものではありません。人の役に立ったり、「こんなことができるのか！」という驚きを与えるものであったり、「そうか、そう考えることができるか」と、うならせるような何かが必要になります。

それを生み出すのは、容易なことではありません。

何時間も、いや何千時間も、自分の中の「インプリシットなもの」「暗黙の身体的な知恵」とともにたたずんで、「うーん」「うーーん」「うーーん」と、うなり続けるしかありません。それは、途方もなく孤独な作業です。

だからこそ「深い聞き手」が役に立ちます。**真に独創的な仕事には、「深い聞き手」の存在が不可欠**です。

何時間も、何千時間も、「うーーん」「うーーん」と、うなり続けるとき、何度も堂々巡りの停滞に陥ります。ひとりで考えていると、自分では、自分でものを考えているつもりでいても、既存の思考の型に絡め取られます。そして、グルグル、グルグル……と自動反復的な回転を続けるのです。

これでは新しいアイデアは出てきません。どこかで見たことがあるような商品、どこかで聞いたことがあるようなアイデアしか開発できません。「これは、これまでのものと違う！」と顧客に思わせるようなインパクトある商品や仕事のアイデアは生まれません。

人は、他者に深く聞いてもらうことで初めて、「自分の内側の深いところ」「言葉にならない暗黙の次元」にたどり着くことができます。「内側の深いところ」にとどまり、そこに居場所を見つけ、ものを考えることができるようになります。

カール・ロジャーズが「**内臓感覚**」と呼び、米国の哲学者・臨床心理学者のユージン・ジェンドリンが「**ジ・インプリシット**（**暗黙なもの**）」と言った「**内側の深いところ**」で、ものごとを考えることができるようになるのです。

深く聞いてもらえることで凡人が「天才」に変わる！

これは、ひとりではなかなか難しいことです。しかし、深く聞くことができる誰かに協力してもらえていると、「その深いところにとどまり続けながら考える」ことができます。聞いてもらうことで、その難業が可能になるのです。

これが、新しいアイデアを生み出すことを可能にします。誰かに深く聞いてもらえてわかってもらえている。そういう関係性の中でならば、天才的な能力を持った人でなくても、「内側の深いところ」にとどまり、そこを場所として「暗黙の知恵の源泉」に触れながらものを考えることができます。すると、おのずとクリエイティブな創出的な思考ができるようになるのです。ユニークな企画や商品開発のアイデアが浮かび上がってきます。

言い換えると、**深く聞いてもらえてわかってもらえていると、凡人でも「天才」に変わることができる**のです！

ユージン・ジェンドリンは、こうした思考法のことをＴＡＥ（Thinking At the Edge：エッジで思考する）と呼びました。内側の深いところ、まだ言葉にならない暗黙のところにとどまりながら思考すると、既存のものとは異なる仕方で創出的に思考することができるのです。これは、誰かが深く聞いてくれて、わかってくれる人とのつながりの中で初めて可能になるものです。

「ディープ・リスニング（深いほんものの傾聴）」は、人が、真にユニークな仕方で思考することを援助します。それは、先進的な企業における高度な人材育成、能力開発、研究者養成において不可欠な人材育成の方法になるでしょう。

「暗黙の次元での思考」「思考のエッジでの思考」、すなわち「まだ明確な言葉になっていないけれどもそこに重要なアイデアが潜んでいることは確かにわかっている」――そうした「暗黙の思考の辺縁」にとどまりながら考えること。これが決定的に重要です。

これは1対1の面接だけに限りません。複数人の、例えば5人の商品開発チームや企画開発チームの中でも可能です。4人が1人に対して「ディープ・リスニング」ができると、その1人はほかの4人に対し、「本当にわかってもらえている」「一緒に同じところにとどまっていてくれている」そう感じることができます。

真の共感を持って仕事をしていける関係性が5人のチームの中で育まれ、チームの話しあいの場面でも活かされるならば、最高に独創的なチームが誕生します。

不可欠なのは、商品開発チームや企画開発チームが、お互いに「本当にわかってもらえている」「同じところにとどまり、一緒に考えてくれている」という感覚を、「相互ディープ・リスニング」によってチーム内に育むことなのです。

コラム7
自分のこころの声を聞くために

私たちがこころを整えるために一番大切な工夫の一つは、「ひとりになる」こと、「ひとりになって自分のこころと対話する時間を持つこと」です。

実際、私たちは、何かつらいことがあったときには、「ひとりの時間」を必要とします。ひとりになって自分のこころと対話する時間を持つことは、私たちのこころを整える作用をもたらします。

ある方の例を紹介しましょう。その方は、ご主人を亡くされました。愛しあっていると思っていた最愛のご主人を亡くされてしまったのです。しかも、病死ではありません。みずから命を絶ってしまったのです。

当然のことながら、その女性は大きな悲しみに打ちひしがれました。また、とても人望の厚い方で多くの人から慕われていたため、心配して次々と訪問客が現れました。みんな「何か、力になりたい」と思っていたのでしょう。あるいは、その方がご主人のあとを追うことを心配していたのかもしれません。

しかし、その方自身は、ほんとうはひとりになりたい。ひとりにならないと、思いきり泣くこともできないし、まわりに気を使って、笑顔でいなくてはならなくなる。自分の気持ちに浸る時間が持てない。それがつらい、と思っていたのです。

ひとりの時間が、こころを整えるためには必要です。こころを整える働きが「ひとりの時間」にはあるのです。

ぜひ、みなさんも定期的に「ひとりの時間」を持つようにしましょう。

1日5分、週に1時間は、ひとりの時間を持つ

では、どれくらいの頻度でひとりの時間を持つことがよいのでしょうか。

私のおすすめは、「**最低でも、1日5分。そして週に1時間は、ひとりになって自分のこころと対話する時間を持つ**」ことです。

1日に5分、例えば寝る前に自分と対話する時間を持つ。あるいは、朝起きたらすぐ、自分と対話する時間を持つ。これはどちらでもかまいません。自分の得意な時間帯、夜型の人は夜に、朝型の人は朝に、あるいは自分にとって都合のいい時間でいいから、今の自分をふり返る時間を5分でもいいから持つ習慣をつけるとよいのです。

あるいは、1週間に1時間程度、例えば土曜日の朝9時から1時間、と決めておいて、定期的に自分と対話する時間を持つのです。

自分を見つめる時間の過ごし方

自分と対話する時間――その時間は、自分を見つめることだけをします。**ボーッとして、自分のことについてこころを漂わせる時間にして、それ以外は一切しません。**外的な刺激から自分を遮断する時間にします。

インターネット、テレビ、ゲームなどを絶ちます。読書もそうです。

読書は、自分を見つめる行為だと思われていますが、意外とそうでないことも多いものです。書物の魅力に夢中になり、活字中毒になって、自分を見つめることができていない読書好きの方もけっこういます。書物を読むから知識や教養はあります。しかし、自分のこころを豊かにすることにはつながっていないことが案外多いのです。

週に1時間でかまいません。読書もせず、スマホも見ずに、外的な刺激から自分を遮断して、自分の内面を見つめることに専念する時間を定期的に持つことをおすすめします。

なぜ、「定期的に」そうした時間を持ったほうがよいのでしょうか。

人間は易きに流れる生き物です。すぐに気を紛らわせます。フランスの哲学者のブレーズ・パスカルは、**「人間存在の本質は退屈にある」**と言いました。人間は、退屈しのぎの天才なのです。これは、本当に真実をついていると思います。

人は、自分のこころの空虚を見つめるより、気を紛らわしたほうが楽なので、すぐにネットをやったり、ゲームをやったり、本を読んだりしがちです。外的な刺激に身をさらして、気を紛らわせるのです。

こうした刺激から身を遠ざけて、ひとりになって、自分の内面に意識を向けることは、かなりハードルの高い行為です。定期的な習慣にしていないと、ついさぼって、スマホを見たり、新聞や本を読んだり、YouTubeを見たりして、気を紛らわせることにいそしみ始めるのです。

こころの声を聞く「場所」を確保する

ひとりになって、こころの声に耳を傾けることの大切さについてお話ししました。

こころの声に、1日に5分でいい、耳を澄ませることは、私たちがこころを整え、自らの生き方を整える上で、とても大切な意味を持っています。

こころを整え、みずからの生き方を整える上で、一番大切なこと。それは、静かにこころの声に耳を傾ける、ひとりの時間を持つことである。そう言ってもいいように思います。

しかし、案外とそれが難しいのです。

一番の大敵はスマホです。そして、スマホを通じて接するインターネット上のさまざまな情報です。新しい情報に接することは、刺激的です。ワクワクしますし、私たちの知的好奇心を掻き立てます。

けれども、スマホやテレビや新聞や手軽な読書などを通じて、さまざまな情報という名の刺激に身をさらし続けること。このことは、私たちが自分の内側の声に耳をふさぐ役割を果たしてしまいます。

新たな情報に身をさらすことに比べたら、自分の内なる声に耳を傾けることなど、つまらないことに思えてしまいます。私たちは、日々の刺激にさらされ続けながら、自分の内なる声に耳を傾ける、というもっとも大切なことをなおざりにしてしまいがちなのです。

では、どうすればよいのでしょうか。

一つは、前述したように、**時間の枠を設定する**ことです。例えば、「毎週木曜の夕方18

時から19時の1時間は、このカフェのこの席に座って、自分の最近のあり方をゆっくりとふり返る時間にする」と決めることです。

そしてもう一つは、**「場所」を決める**ことです。

いくら、時間を決めても、その時間にまたスマホでSNSを見始めてしまうと、元の木阿弥です。それらから距離を置くには、「場所」の力が大きな助けになります。

手軽なのは、何と言ってもカフェです。例えば、同じコーヒーチェーン店でも、この店のこの席と、決めておく。私自身は、「都内の神楽坂にいる場合は神楽坂の、御茶ノ水にいるなら御茶ノ水の『スターバックス』のこの席」と、決めています。「なんかここにいると気持ちが落ち着く。自分の内面の深いところに意識が向かいやすくなる」、そういう席を見つけておくのです。

「その場所で、週に1回、1時間ほど、ただボーッとして過ごす」と決めておく。すると、からだが、だんだんとその席や、その席での習慣になじんでいきます。すると、ただその席に座るだけで、自然とスーッと意識が深まっていくようになっていきます。

そういうお気に入りのカフェを見つけておくこと。これはとてもおすすめですし、ものすごく大きな財産になります。いいカウンセラーを見つけたのと同じぐらいに価値のあることです。しかもドリンク代一杯ですみます。

「ここに来ればなんだか、気持ちが落ち着く」「本来の自己に立ち返ることができる気がする」そういう場所を探してみてください。

バーでも、自然の中でも、雑踏でもOK

また、少しお酒の力を借りるのも悪くありません。**少量のアルコールは、私たちが自由に連想する力を高めてくれます。**

私の場合、東京ドームホテルの最上階のラウンジバーがお気に入りです。夕日を見ながら、観覧車を眺め、ジェットコースターを眺め、丸ノ内線と中央線と総武線を走っている電車を眺めたりしながら、例えば「今度の原稿は、何を書こうか」と思い浮かべる。「最近の僕は、どうなんだろう。これでいいのかな」と考える。すると、観覧車やジェットコースターや電車がほどよいノイズになってくれて、内面に深く入りやすくなります。**静かな場所より、多少のノイズがある場所のほうが、内面に向かう作業はやりやすい**ものです。

もちろん川とか湖とか、海とかが近くにあるならば、最高です。自分の好きな河原に行

こころの声を聞く場所を決める

カフェ、バー、川や湖、海でもいい。
週に1回、1時間ほど、ただボーッとして過ごす場所を決めておきます

ってボーッと川を見ている。ボーッと海を見ている。すると、多少のノイズがあって、自分の深いところに入っていきやすくなります。

都心でも、例えば渋谷のスクランブル交差点をボーッと見ながら、考える。これでもいいのです。渋谷の雑踏をボーッと見ていると、ほどよい f 分の1ゆらぎを感じながら、ものの思いにふけることができます。すると、何の刺激もない密室で考えるよりも、はるかに深くものを考えることができたりするものです。

いずれにせよ、大自然でもいい。近くのカフェでもいい。バーやラウンジでもいい。家の中でもいい。近くの川でもいい。どこでもいいから、ここに行くとスッと気持ちが落着く。自分の内側に深く入れて素の自分に戻れる。自分と向きあうことができる。そんな場所を見つけておきましょう。ここにいると、とても自然にこころのメッセージに耳を澄ますことができる。自分のあり方、生き方の微修正ができる。そういう深くものを考えることができる「場所」を見つけておくことです。

そして、週に1回1時間などと、時間枠を決めておいてそこに行き、**「何もしない時間」をあえて設定する**のです。このことを習慣化するのは、私たちがこころを整え、生き方を整える上で、とても大きな意味を持っています。

おわりに

傾聴をいろいろなところで教えてきました。

傾聴を本気で学んでこられた方から、何度となく聞いてきた言葉があります。

「傾聴で、人生が変わった」

多くの方がそう言うのです。

なぜ、傾聴で人生が変わるのでしょうか。

こころの声を聞いてもらうと——人は、自分自身のこころの声を聞き始めます。そして、自分自身に聞かれたこころは、動き始めます。人のこころには、「聞かれると、動き始める」という大きな特徴があるのです。動き始めたこころは、止まりません。それまでの自分ではいられなくなります。

「夫の稼ぎがないと生活できないから、とにかく夫に従って生きていくしかないと、あきらめていた。でも、もう止まらない。私は、自分の人生を生きていきたい。自分を生きていきたい」

「私みたいな人間は、たいして価値がないと思っていた。どこにでもいる普通の人間だから。自分なんて、たいしたことはできないとあきらめていた。でも、もう止まらない。自分がほんとうにしたいことをして生きていきたい」

「出世もして、稼ぎもあって、結婚生活もうまくいった。孫の顔も見られた。まぁいい人生だ。特別な能力があるわけでもない自分には、分相応な人生だと思っていた。でも〝何か〟足りない。このままでは死ねない。死にきれない。『これが自分の人生だ』と、こころから言える〝何か〟がない……」

自分のこころの声に耳を傾け始めた人の人生は、大きく変化していきます。

自分のこころの声、「内側深くの声」に耳を塞ぎ、ないがしろにしてきた人生から、自分の内側のこころの声を聞き、「内側深くの声」とともに生きる人生へと変わっていくのです。

傾聴を学ぶと、人生が変わっていきます。

「自分を生きるのをあきらめた人生から、自分を深く生きる人生へ」

「内的なこころの世界を深く生きる人生へ」

と、変わっていくのです。

傾聴が社会に定着していくと、私たちの内的生活のクオリティ（質）が格段に向上していくのは、確実です。

「あ、私、自分自身のこころの声……大切にしていいんだ……」

「自分自身の人生なんて、私のこころの声なんて、たいして価値がないと思っていたけど、違った……。大切にしていいんだ、私……」

そんな気づきが次々と広まっていくのです。

これは、革命です。カール・ロジャーズの言う「静かなる革命」です。

人の内側のこころの声に、自分自身の内側のこころの声に、静かに耳を傾ける。

ただそれだけで、こころは、動き始めます。もうどうにも止まらなくなって、人生が大きく変わっていくのです。これ以上の革命の道具は、ほかにないと思います。

そればかりではありません。最終章に書いたように、深い傾聴ほど、クリエイティブな仕事や最先端の研究の行き詰まりを打破するのに、有効な方法はありません。

私たちの内的な生活がもっといいものになり、文化が創造的に進展していくための最強のツール。それが傾聴なのです。

本書では、傾聴の実質的な創始者と言えるカール・ロジャーズの研究をしてきた私が、プロのカウンセラーとして**「最上級の傾聴の技術」「深い、ほんものの傾聴の技術」を惜しみなく具体的に、とことんわかりやすく示しました。**

また、**傾聴は、大切な人との「つながり」を回復するのにも有益**です。

カウンセリングで女性の方から幾度となく聞かされてきました。

「もっと、夫に聞いてほしい。わかってほしい」

本書は、この切実な声に応えるためにも書かれました。

「ねえ、ちょっと聞いてほしいことがあるの」

「何時だったらいい？」

この二つのことを言えるようになるだけでも、「聞いてもらえる関係」になっていく可能性は、ぐっと高まるでしょう。

傾聴は「聞く側」だけが努力しても実りあるものにはなりません。傾聴は、聞いてほしい側、聞く側の「お互いが協力して、二人でつくっていくプロセス」なのです。

なお本書では、あえて「聞く」と「聴く」を区別しませんでした。傾聴の持つ幅広いパワーを、言葉の区別によって限定したくないと思ったからです。

本書が、みなさまの人生で幅広くお役に立てば幸いです。

諸富祥彦

気づきと学びの心理学研究会アウエアネスのご紹介

本書で紹介した傾聴やカウンセリングをはじめとした「人生を豊かにする心理学」は、次の研究会で学ぶことができます。

「自己を見つめる」「人生を豊かにする」ことを目的とした心理学の研究会ですので、学歴や職業などに関係なく、どなたでも参加できます。プロのカウンセラー、心理士、コーチ、キャリアコンサルタント、教師、福祉や医療関係者などの方も多く参加しています。

会場参加かＺｏｏｍ参加を選ぶことができます。地方にいる方も安心です

ホームページで内容をご確認の上、ご参加ください

・一般社団法人気づきと学びの心理学研究会　アウエアネス事務局
〒１０１－００６２　東京都千代田区神田駿河台１－１明治大学14号館　諸富研究室内
E-mail：awareness@morotomi.net　FAX：０３－６８９３－６７０１
ワークショップ情報：諸富祥彦ＨＰ　http://morotomi.net/

著者略歴

諸富祥彦（もろとみ・よしひこ）

◎1963年、福岡県生まれ。筑波大学人間学類、同大学院博士課程修了。千葉大学教育学部講師、助教授を経て、現在、明治大学文学部教授。教育学博士。
◎臨床心理士、公認心理師、カウンセリング心理士スーパーバイザー、上級教育カウンセラーなどの資格を持つ。日本トランスパーソナル学会会長、日本カウンセリング学会常任理事、日本教育カウンセラー協会理事、「教師を支える会」代表。
◎気づきと学びの心理学研究会アウエアネス主宰（https://morotomi.net/）。
◎著書に『いい教師の条件』（小社刊）、『フランクル心理学入門』（角川ソフィア文庫）、『カール・ロジャーズ』（角川選書）、『50代からは3年単位で生きなさい』（KAWADE夢新書）、『ほんものの傾聴を学ぶ』『カウンセリングとは何か』『カウンセリングの理論（上）（下）』『新しいカウンセリングの技法』（以上、誠信書房）など多数。

SB新書　646

プロカウンセラーの
こころの声《こえ》を聞《き》く技術《ぎじゅつ》 聞《き》いてもらう技術《ぎじゅつ》

2024年2月15日　初版第1刷発行

著　者　諸富《もろとみ》 祥彦《よしひこ》
発行者　小川 淳
発行所　SBクリエイティブ株式会社
〒105-0001 東京都港区虎ノ門2-2-1
装　幀　杉山健太郎
イラスト　須山奈津希
DTP　アーティザンカンパニー株式会社
編　集　中本智子（SBクリエイティブ）
印刷・製本　大日本印刷株式会社

本書をお読みになったご意見・ご感想を下記URL、
または左記QRコードよりお寄せください。
https://isbn2.sbcr.jp/22688/

落丁本、乱丁本は小社営業部にてお取り替えいたします。定価はカバーに記載されております。
本書の内容に関するご質問等は、小社学芸書籍編集部まで必ず書面にて
ご連絡いただきますようお願いいたします。

ISBN 978-4-8156-2268-8